Eric Cowez

Le Bassin d'Arcachon
d'Arès à la dune du Pilat
Le guide

Les guides découvertes **du Bassin d'Arcachon**

Photos Sylvie Cowez et Eric Cowez
arcachonphoto.com

NOUVELLE ÉDITION REVUE ET AUGMENTÉE

Éditions SUD OUEST

Le Bassin d'Arcachon

Carte Patrick Mérienne

d'Arès à la dune du Pilat
Le guide

Sommaire

1 Arès

La petite ville d'Arès se situe à l'extrémité nord du Bassin d'Arcachon. Le qualificatif de « fond du Bassin » parfois donné de façon un peu condescendante ne doit pas vous induire en erreur : cette petite station balnéaire qui cultive l'esprit village mérite qu'on s'y attarde.

Les 2 kilomètres de plages, le petit port ostréicole, les curiosités, la proximité avec la presqu'île de Lège-Cap Ferret en font un lieu de villégiature très agréable. Les amoureux de nature et de calme seront particulièrement comblés. Le slogan de la ville donne le ton : *Arès, tout y est nature.* On y trouve 4 200 ha de forêt, la **Réserve naturelle nationale des prés salés d'Arès-Lège-Cap Ferret** et **l'Espace naturel sensible de Saint-Brice**, composé d'une mosaïque de paysages sur 120 ha.

Arès se situant sur le chemin de Saint-Jacques de Compostelle, les **randonneurs** pourront rejoindre le GR8 qui les mènera vers le nord au Cap Ferret,

Bon à savoi

Les restaurants de dégustation du port d'Arès sont ouverts de mi-avril à mi-octobre environ, en fonction des date d'autorisation fixées chaque année pa l'administration. En hiver, les terrasse sont vidées ou démontées, il ne reste plus alors que la possibilité d'acheter des huîtres ou poissons à emporter.

Les prés salés au soleil couchant.

aux lacs de Lacanau et de Hourtin, et vers le sud à Andernos et La Pyla. Les **cyclistes** ne seront pas en reste puisque Arès est sur le parcours de la **Vélodyssée**.

Le port

Beaucoup plus récent que ceux du Cap Ferret, le port ostréicole d'Arès a été construit entre 1966 et 1975. Les deux allées du port encadrent la darse destinée à l'amarrage des chalands d'ostréiculteurs (les « plates ») et autres bateaux de pêche, bordée de part et d'autre de 25 cabanes construites en dur. C'est dans la première allée que vous trouverez les restaurants de **dégustation à la cabane**, la seconde étant principalement consacrée au travail de l'huître (un restaurant, fort justement baptisé La Cabane du Bout, s'y est toutefois ouvert en 2019 au niveau de la Croix des Marins). Pêcheurs et ostréiculteurs/restaurateurs sont tenus de commercialiser et servir leur propre production d'huîtres, bulots, crevettes et poissons. Avec leurs terrasses surplombant la darse (beaucoup plus agréables à marée haute), des produits d'une fraîcheur évidemment irréprochable et un réel talent culinaire, les quelques restaurateurs des lieux vous régaleront les papilles. N'hésitez pas à réserver car ils sont pris d'assaut en été *(Voir Infos pratiques : Où manger ?)*.

Les prés salés

Après un bon repas ou un simple bol d'air, vous pouvez vous rendre au bout de la rue du Port-Ostréicole pour contempler la vue sur le Bassin d'Arcachon et sur les prés salés : à marée haute et au coucher du soleil qui se reflète sur les eaux calmes et sur les herbiers qui en émergent, le panorama est splendide. À partir d'ici, plusieurs choix de balades s'offrent à vous : sur la droite, un panneau indique l'entrée de la Réserve naturelle nationale des prés salés d'Arès et de Lège-Cap Ferret. C'est le **début du sentier** qui serpente entre les anciens réservoirs à poissons et les prés salés, entre marais et forêt, salicorne et tamaris. Ponctuée de panneaux informatifs, la balade vous mènera 2 km plus loin jusqu'à la **Cabane du Résinier**, à Lège (comptez env. 40 min de marche). À mi-chemin, une passerelle toute neuve (installée

La réserve naturelle des prés salés.

fin 2022) vous permettra de franchir le canal des étangs et de prendre un peu de hauteur pour admirer ce paysage horizontal. L'office de tourisme d'Arès propose des **sorties découverte** des prés salés d'environ 2 h avec un guide nature *(voir Infos pratiques)*.

Cette réserve naturelle d'un peu moins de 500 ha au total comprend la plus grande zone de prés salés d'Aquitaine (200 ha). Créée en 1983, elle est gérée par l'Office national de la chasse et de la faune sauvage (ONCFS), dont les gardes veillent au respect de la réglementation (suivre les sentiers, ne pas piétiner ou cueillir les plantes, ne pas fumer ni bien sûr faire du feu). Les sentiers de la réserve sont **exclusivement piétons**, les vélos et les chiens, même tenus en laisse, sont interdits d'accès. Plus de **140 espèces d'oiseaux** y sont répertoriées, une dizaine d'espèces de mammifères, ainsi que des insectes et des plantes rares et protégés.

Balade dans Arès

Depuis le port, une promenade beaucoup plus courte est possible. En remontant la rue du Port-Ostréicole sur sa partie gauche, vous rencontrerez la ***Femme océane***, une statue en bois exotique tout en finesse et en courbes sculptée par l'artiste arésien Dominique Pios. Cette femme longiligne tournée vers la mer semble veiller sur le port et guetter le retour des marins depuis 1997, année de sa mise en place.

Un chemin piétonnier prend naissance derrière la cale à bateaux (la descente en béton), qui vous mènera en quelques minutes à la plage d'Arès, la jetée, l'Ovniport et la « tour ». Ces lieux sont également accessibles depuis le centre-ville par l'av. de la Plage.

Au port ostréicole, les ama-

BON À SAVOIR

Les plus courageux poursuivront la balade jusqu'au village de **Claouey**, sur la presqu'île, en franchissant le canal des Étangs par nouvelle passerelle, et en passant p **Jane de Boy** (4 km aller depuis le p d'Arès). N'oubliez pas votre gourde bien qu'il s'agisse d'une zone humide, ses abords sont arides ; on les surnomme « le désert ».

Infos pratiques

Office de tourisme. Place A. Weiss. 05 56 60 18 07

VISITES GUIDÉES. L'office de tourisme propose des visites commentées par un naturaliste des principaux sites naturels d'Arès. Attention, pas de réservation par téléphone pour ces visites, il faut vous inscrire dans les locaux de l'OT, place Weiss, ou sur le site arestourisme.com. Douze parcours sont au programme (5 €/pers., gratuit pour les enfants, ou 2 € selon activité) :

Au départ du port ostréicole : Naturalistes en herbe, Découverte des secrets des prés salés, Sucré-salé d'Arès, Balade et pêche à pied à marée basse en famille, Balade au clair de lune, Balade contée pour petits et grands, Paysage des prés salés, Soirée astronomie (en juillet-août).

Au départ du rond-point de Saint-Brice : Les trois eaux de Saint-Brice, Balade commentée sur les mystères de Saint-Brice.

Au départ de l'av. de la Libération : Sortie champignons (en automne).

MARCHÉS

Tous les mardis et dimanches matin de 8 h à 13 h, place Weiss, au milieu de l'av. de la Plage.

Plusieurs marchés gourmands (2 en juillet et 2 en août), avec restauration sur place et animations musicales,

La lumière d'Arès.

teurs de **pêche à pied** peuvent longer la plage ou rejoindre, à marée basse, les vasières en suivant les *esteys*, ces petits chenaux dont le sol est stable. La prudence est de mise (renseignez-vous sur les horaires des marées, ne vous aventurez pas trop loin dans la vase et ne partez pas seul ou mal équipé). L'office de tourisme organise des **initiations aux techniques de la pêche à pied** au départ de la statue de la *Femme océane*, ou vous remettra un kit avec un **petit guide du pêcheur,** une réglette pour respecter la taille minimum des coquillages que vous pourrez ramasser, les horaires des marées et un plan d'Arès. Avec un quota de 3 litres de coquillages par jour (hors les huîtres dont le ramassage est interdit) et par pêcheur (enfants compris), vous aurez largement de quoi vous régaler.

La **pêche à la ligne** est autorisée depuis le port jusque sur le canal de Lège (jusqu'au pont de Bredouille, le bien mal nommé pour les pêcheurs !), sans permis puisque nous sommes là sur le Domaine public maritime. Bar, mulet, dorade et, selon la saison, rouget, seiche et sole agrémenteront (peut-être...) vos assiettes de vacances.

De l'église à l'Ovniport

Au cœur du bourg, l'**église Saint-Vincent-de-Paul**, érigée dans le style néo-roman à partir de 1868, a remplacé une chapelle en bois datant de 1847, quatre ans avant la séparation d'Arès de la paroisse d'Andernos (1851). Les beaux vitraux, réalisés par le maître émailleur bordelais **Raymond Mirande**, ont été posés en 1978 pour le centenaire de l'édifice.

Face à l'église, à l'angle de l'av. de la Plage et de la rue du Port-Ostréicole, un parc de 5 ha est ouvert de juin à septembre. Un EPHAD a été adossé à une demeure bourgeoise que l'on appelle, abusivement, le « **château d'Arès** ». Un premier « château » (en fait

sont organisés par le Comité des Fêtes arésien chaque été sur l'esplanade Dartiguelongue (au pied de la jetée). Contact : 06 04 08 77 09.

SARDINADE ET FÊTE DE L'HUÎTRE
Chaque année sur l'esplanade Dartiguelongue : une sardinade vers le 20 juillet, et la Fête de l'huître (durant 4 jours) aux alentours du 15 août, ambiance festive et soirées animées (concerts, bandas, feu d'artifice...). La Fête de l'huître fête sa 50e édition en 2023.

PESCATOURISME
Embarquez avec un ostréiculteur du port d'Arès le temps d'une marée. Durée : de 3 à 6 h. Tarif : 45 €/pers. (dégustation d'huîtres comprise). Demi-tarif pour les enfants de 8 à 12 ans. Tarif famille : 130 € (2 adultes et 2 enfants).

Eric Daugès. Cabane 22. 05 56 60 12 23 ou 06 13 45 67 09.

BALADE EN CHALAND
Loïc Pasquet. Cabane 44. Maximum 4 passagers. Tarifs : 45 €/pers. 06 73 29 48 59. **>>>**

BON À SAVOIR

Labellisée Famille Plus, la ville d'Arès est **aux petits soins pour les familles** et propose des équipements (skatepark, terrain multisports), des animations, des activités encadrées par des professionnels, l'aire de jeux sur la plage, une baignade sécurisée (Saint-Brice)... Elle édite un *Guide Junior pour des vacances en famille réussies* (en ligne ou à l'office de tourisme).

Le premier Ovniport au monde est à Arès.

une maison seigneuriale à colombages) fut bien érigé ici au début du XVIIe siècle, mais il fut détruit dans un incendie en 1706. Une maison de maître fut bâtie au même endroit (vers 1775), restaurée en 1822 avant de devenir une maison de santé après la Seconde Guerre mondiale.

Vous pouvez rejoindre le rivage en descendant l'av. de la Plage. Sur la place Weiss se tient, chaque mardi, le **marché** de plein air, très fréquenté, et chaque dimanche matin un marché des producteurs. C'est là également que se trouve l'**office de tourisme**. Au bout de l'avenue, une tour d'aspect médiéval avec ses créneaux. est en réalité un ancien moulin à vent, que le capitaine **David-Louis Allègre**, alors châtelain d'Arès, a fait construire en 1840. Le moulin cessa de fonctionner en 1882, il fut transformé en tour par le régisseur du château d'Arès alors passé aux mains de la famille Javal-Wallerstein.

Autre curiosité d'Arès: le **tout premier Ovniport au monde**, matérialisé par une petite soucoupe volante dans laquelle les bambins (et les « grands enfants ») peuvent se glisser.

Un électronicien à l'aéroport de Mérignac émit dans les années 1970 l'idée aussi fantaisiste qu'humoristique de dédier un espace public à l'atterrissage d'éventuels extraterrestres. Soutenue par la municipalité qui y vit un support promotionnel original, relayée par les médias amusés du monde entier, l'initiative déboucha sur l'inauguration de cet Ovniport pendant la

>>> Où manger ?

AU PORT

Restaurants ouverts de mi-avril à mi-sept. environ. Toutes les cabanes de dégustation et restaurants de poisson possèdent une terrasse, et toutes sont situées rue du Port Ostréicole. Réservation vivement conseillée.

La Cabane du bout. Poissons et fruits de mer. Cabane 1. 05 56 60 92 29

L'huîtrerie. Cabane 30. Dégustation d'huîtres. 06 89 17 05 99

La Cabane 33. Ouvert en 2022 à la place de L'Oyats Café. Poissons et fruits de mer. 05 24 59 91 03.

Chez Pépé. Cabane 38. Poissons et fruits de mer. 05 57 70 95 68.

Chez Bill. Dégustation d'huîtres. Cabane 39. 06 81 43 51 10

La Cabane 44. Poissons et fruits de mer. 05 57 17 93 05

Les Hippocampes. Cabane 49. Dégustation d'huîtres. 06 72 00 97 63

EN VILLE

La Fille du Barbu. 20 place de l'Église. 05 56 26 85 33. Petit restaurant qui ne paye pas de mine mais cuisine française semi-gastro excellente.

Chez Alcide. 1 av. du Cdt-l'Herminier. 05 56 60 46 14. Au bord du Bassin, une bonne table dans une ambiance décontractée, en salle ou en terrasse de part et d'autre de la rue. Fait café l'après-midi.

La plage d'Arès.

traditionnelle Fête de l'huître de 1976. Le quotidien *Le Parisien* relata qu'il « était décrété que les extraterrestres seraient exemptés de taxes d'atterrissage, qu'ils pourraient prendre part aux tournois de pétanque et de patins à vase, ces planchettes de bois fixées aux pieds, utiles pour marcher dans la vase et recueillir palourdes et bigorneaux des environs ».

Il fallut attendre 2006 pour que la stèle officialisant le site soit posée, et 2010 pour l'inauguration, pardon, l'atterrissage d'une première soucoupe volante que n'aurait pas reniée le capitaine Nemo, mais qui malheureusement rouilla assez vite. Elle fut remplacée par l'actuelle en juin 2016. Quant aux aliens, comme le souligne la stèle en gascon, « *Que vos atendem totjorn* » (« nous vous attendons toujours »).

BON À SAVOIR

L'Ovniport fit des petits, notamment au Brésil et au Porto Rico, qui eux aussi en possèdent un.

Plage, jetée et canons

L'esplanade Dartiguelongue, dans le prolongement de l'Ovniport, donne accès au Bassin. Autrefois occupée par plusieurs rangées de cabanes de parqueurs et pêcheurs, on y trouve aujourd'hui de **longues pelouses et des pins** prodiguant une ombre bienvenue. C'est là que chaque année sont organisées une **sardinade** (fin juillet) et **l'incontournable Fête de l'huître** mi-août. La **jetée** est encadrée de deux canons bicentenaires, placés ici en 1992 (comme d'autres pièces d'artillerie se trouvant au Canon et au Moulleau, ces canons des XVIIe et XVIIIe siècles étaient destinés à la défense de la côte contre les incursions anglaises).

La **jetée en pierres cimentées** a été inaugurée en 1863 (elle était alors plus étroite qu'actuellement), ce qui en fait la plus ancienne de tout le Bassin d'Arcachon. Toute simple et peu élevée (on parle davantage de

Le Makhila. 51 rue du Général-de-Gaulle. 05 56 60 73 30. Ambiance bistrot et cuisine basque bonne et copieuse. Toujours bondé : un signe !

Le Pitey. 79 av. de la Libération. 05 56 82 16 80. Restaurant gastronomique renommé à Arès, cuisine française, beaux dressages, ambiance feutrée, belle terrasse ombragée.

Le Boïate. 11 bd de l'Aérium. 05 56 60 20 46. Autre table renommée à Arès, cuisine traditionnelle, essentiellement des poissons l'été, avec l'avantage d'être situé à 150 m du Bassin.

L'Incontournable. 1 av. des Tourterelles. 05 56 60 27 09. Cadre vintage boisé, photos en noir et blanc, objets marins en tout genre (casque de scaphandrier, barre de bateau, lampes anciennes…). Viandes, poissons, fruits de mer, plats copieux, pizzas, salades gargantuesques : incontournable !

L'Olivier. 30 rue du 14-Juillet. Cuisine traditionnelle. Restaurant repris fin 2022 par les anciens propriétaires de L'Auberge du Bassin à Claouey, une promesse de bons petits plats.

Coriandre et Basilic. 26 av. de la Libération. Cuisine japonaise ou pizzas, vous avez le choix. 05 24 18 57 83.

L'Estanquet du coin. 1 av. de la Plage. Cuisine traditionnelle, formule midi à 14 €. 05 56 60 02 07.

chaussée maritime que de jetée), elle permet aux promeneurs de s'avancer au ras de l'eau à marée haute, ou d'éviter de s'enfoncer dans la vase à marée basse, pour observer, à gauche le port d'Andernos (à 3 km), et à droite celui de Claouey un peu plus loin.
À droite de la jetée, au niveau des canons, prend naissance un **chemin menant au port ostréicole**, à 10 min environ.
La plage au pied de la jetée accueille des **jeux pour les enfants**. On posera plus agréablement sa serviette un peu plus loin sur la gauche: la baie forme ici une **charmante petite anse** bordée de pins, dans laquelle viennent s'amarrer des bateaux de plaisance au milieu desquels on peut déambuler: il y a très peu de fond, on a pied assez loin, le lieu est donc privilégié par les familles avec enfants en bas âge. On peut, à partir d'ici (quand la marée n'est pas trop haute), **rejoindre par le sable le site de Saint-Brice**, à un peu moins de 2 km: vous passerez alors devant le Club nautique, le triangle de Pereire d'où vous pourrez apercevoir les bâtiments d'un ancien aérium, pour arriver à la conche de Saint-Brice.

Saint-Brice

À cheval sur les communes d'Arès et d'Andernos-les-Bains, la conche de Saint-Brice est une **anse** où l'on peut se baigner à marée haute, là encore sans danger pour les enfants puisque l'on a pied assez loin. À marée basse, le paysage change totalement et découvre les **vasières**, quasiment impraticables à pied, et les nombreux bateaux, plates et voiliers, posés sur le sable. En léger retrait du rivage, le site, composé d'étangs, d'une partie boisée (avec çà et là des tables de pique-nique) ou encore d'une aire de baignade aménagée, est labellisé Espace naturel sensible. Une petite rivière, **le ruisseau de Cirès**, qui alimente les étangs, marque la séparation entre Arès et Andernos-les-Bains, d'où le nom complet du site qui s'étend sur les deux communes: Saint-Brice-Les Quinconces-Le Coulin qui englobe des lieux-dits d'Andernos.
On accède à Saint-Brice par la plage comme nous l'avons vu, mais également par le bd Javal en direction du « Centre hospitalier ». Au bout du boulevard, vous trouverez un **petit parking gratuit** sous les pins (toilettes

Saint-Brice-Les Quinconces : entre étangs, forêt et bord de mer.

publiques et douches). Vous arriverez à une petite plage au bord d'une retenue d'eau permettant aux petits de se baigner même à marée basse. Prisée des familles, cette **aire de baignade** est surveillée tout l'été par des maîtres-nageurs. Sur la droite, un chemin en caillebotis vous mènera directement à la plage de la conche de Saint-Brice.

Vous pouvez aussi vous diriger sur votre gauche à partir de l'aire de baignade : le sentier longe les étangs, au nombre de trois (deux d'eau douce et un d'eau saumâtre : l'eau douce s'y mélange à l'eau salée du Bassin). Au milieu du premier étang, une passerelle de 12 m de long (refaite en 2022) enjambe le ruisseau du Cirès (autrefois appelé la Meule, car le cours d'eau alimentait quelques moulins) et marque précisément la limite entre Arès et Andernos. Vous pouvez choisir de ne pas la franchir et de poursuivre la balade autour des étangs pour revenir à votre point de départ (quelques minutes de marche).

En franchissant la passerelle, vous verrez le troisième étang (eau saumâtre) sur votre droite, et le sentier qui vous conduira à Andernos, 1 km plus loin seulement, à la pointe des Quinconces et au port. L'Espace naturel sensible de Saint-Brice est géré par le **Conservatoire du Littoral** et des promenades commentées permettent de découvrir les secrets de cette zone humide *(voir Infos pratiques)*.

Désaffectée en 1979, l'ancienne gare d'Arès est un joli bâtiment (au bout de l'av. de la Gare). Aujourd'hui, la piste cyclable qui fait le tour du Bassin a remplacé la voie ferrée, et le bâtiment, bordé d'un espace vert et de jeux pour enfants, sert à diverses associations de la commune.

2 Andernos-les-Bains

Avec un peu plus de 12 500 habitants en 2022, Andernos-les-Bains est la ville la plus peuplée du Nord-Bassin. Implantée au bord de l'eau, au pied de la voie rapide menant à l'agglomération bordelaise, et à mi-chemin entre le Cap Ferret et Arcachon, sa position géographique idéale n'est pas la seule qualité de cette charmante station balnéaire…

Andernos offre une réelle qualité de vie au quotidien, avec toutes les commodités que l'on attend d'une commune de taille moyenne (casino, discothèque, médiathèque, musée et un cinéma tout neuf fort justement baptisé La Dolce Vita). Sans oublier un aérodrome qui propose des balades inoubliables pour découvrir le Bassin d'Arcachon depuis les airs. La ville continue de s'embellir et poursuit ses travaux de rénovation : après le cinéma et la place du 14-Juillet inaugurés en 2019, quelques tronçons de piste cyclable en 2022 afin de favoriser les mobilités douces, ce sera au tour de la nouvelle halle du marché en 2024, ainsi que du port du Betey et de la célèbre jetée.

Nombreuses animations toute l'année :
– **Cabanes en fête** (décembre), l'huître est prétexte à une grande fête au son des bandas qui se prolonge tard dans la nuit.
– L'incontournable **Fête de la musique** et ses concerts au pied de la jetée.
– Le splendide feu d'artifice du **14 Juillet** tiré sur la plage.
– La **Fête de l'huître et sa sardinade** fin juillet au port du Bétey,
– L'immanquable **Festival de Jazz** (plus de 50 ans d'existence, le plus ancien festival de toute la région).
– Les feux d'artifice du **15 Août** et de la fin de saison qui sont parmi les plus beaux de la région.

Le port ostréicole et la pointe des Quinconces

Le port ostréicole est une base idéale pour explorer une bonne partie de la ville... et prendre un **bon repas** sur une terrasse avec vue sur le Bassin (profitez-en pour réserver une table au départ d'une balade, cela vous évitera une longue attente le moment venu... voire de repartir le ventre vide).
Plusieurs **balades** sont possibles dès votre arrivée au port. À partir du parking, longez sur la droite les restaurants et les chais jusqu'au bout. Au niveau du restaurant **Chez Huguette** (table réputée), un muret vous sépare de la plage. Une courte promenade agréable d'environ 500 m vous mènera à une petite plage sauvage: tournez à droite en longeant le muret et vous trouverez, 150 m plus loin sur votre gauche, le **sentier du littoral** qui serpente d'abord entre l'étang David-Allègre et le Bassin. Passé l'étang, qui ne mesure que 150 m de long environ, vous entrerez dans une pinède clairsemée, avec sur votre droite une vue sur d'anciens réservoirs à poissons. Continuez de suivre le sentier sur 200 m environ: une ouverture dans les ganivelles (ces fines clôtures également appelées « barrières girondines ») vous permet alors d'accéder à l'adorable petite plage de la pointe des Quinconces, la plus « nature » d'Andernos, généralement peu fréquentée.
Cet endroit était le lieu de promenade préféré de la comédienne **Sarah Bernhardt** qui a passé un an à Andernos pendant la Première Guerre mondiale. La pointe des Quinconces est aujourd'hui un site protégé

Le port.

La plage des Quinconces.

inscrit au registre du patrimoine pittoresque de la Gironde. Vous aurez d'ici une très belle vue sur la baie d'Andernos, le port ostréicole et la jetée.
En remontant de la plage, vous pouvez rejoindre le **sentier du littoral** pour, cette fois, une plus longue promenade d'1 km environ qui vous conduira à la limite d'Arès jusqu'au site naturel de Saint-Brice *(voir le chapitre « Arès »)*.

Il existe **5 plages** principales à Andernos, assez petites pour la plupart à marée haute, très étendues à marée basse. Du nord au sud :
– la plage de la pointe des Quinconces, la plus authentique et sauvage ;
– la plage de l'église Saint-Éloi près du port ostréicole ;
– la plage du centre au pied de l'esplanade, avec ses cafés, ses restaurants et ses rues piétonnes commerçantes ;
– la plage du Betey et son club Les Marsouins pour les enfants ;
– la plage du Mauret, à l'extrême sud de la ville, près de Lanton et du port de Fontainevieille.

Vous pouvez aussi choisir de revenir sur vos pas : de retour au port et au restaurant Chez Huguette, continuez tout droit en suivant le quai Jean-Bonnat (la digue qui longe la partie « plaisance » du port). En arrivant au bout, vous aurez là encore une fort jolie vue sur le chenal du port ostréicole, les cabanes du quai Courbey, l'église Saint-Éloi et la jetée.
Sur le **port ostréicole (et de pêche)**, vous pouvez arpenter les quais, marcher sur les poches d'huîtres vides qui sèchent au soleil, déambuler au milieu des nombreuses cabanes au nom évocateur (L'Huître bleue, La Perle d'Argent, la Cabane nacrée…) et des bassins dégorgeoirs dans lesquels les huîtres attendent d'être dégustées. Le port a été bâti en 1963 et, comme à Arès, les cabanes sont essentiellement blanches et construites « en dur ». Portes et volets sont peints de couleurs vives ou pastel différentes pour mieux distinguer les 44 cabanes réparties sur les trois quais (Courbey, Lahillon et Lucasson) qui, avec l'av. du Commandant-David-Allègre, encadrent trois darses où mouillent essentiellement les bateaux de pêche, les « plates » des ostréiculteurs, mais

« À Andernos, quelle que soit la promenade que l'on fasse, on est entouré de beauté. »
Sarah Bernhardt

BON À SAVOIR

Ostréiculteurs et pêcheurs peuvent vous emmener pour une demi-journée de découverte de leur métier, dans les parcs ou en mer. À moins que vous ne préfériez une sortie à bord du catamaran Ti'Bassin, également basé au port ostréicole *(voir Infos pratiques)*.

aussi quelques voiliers, pinasses ou catamarans. Vous y trouverez également le *Passe marée* qui assure des navettes quotidiennes (d'avril à octobre) vers Arcachon, le Cap Ferret ou Le Canon (en faisant le tour de l'île aux Oiseaux).

C'est au port que vous trouverez le **Petit musée de l'Huître**, dans la Cabane 68 au milieu du quai Lucasson (le premier en venant du parking), où les passionnés du comité de la Fête de l'huître répondront à vos questions sur la culture et l'histoire du mollusque sur le Bassin d'Arcachon. Une visite guidée est également possible sur réservation auprès de l'office de tourisme (pour un prix plus que modique, *voir Infos pratiques*).

Une fois votre visite du port terminée, vous accéderez à une jolie petite plage qui offre à marée haute une belle vue panoramique sur la baie d'Andernos, bordée à droite par les cabanes de pêcheurs, à gauche par la jetée, et qui se situe au pied de l'église Saint-Éloi et d'un site archéologique riches en histoire.

Infos pratiques

PROMENADES EN MER

Ander'Croisières et Union des Bateliers d'Arcachon (UBA). Uniquement l'été, traversée Andernos-Arcachon (jetée Thiers), 1 h. A/R adulte 13 €, 4-12 ans 9 €, -4 ans 4,50 € (vélo 10 €). Excursions sur le Bassin d'Arcachon : tour de l'île aux Oiseaux, 2 h 30. Adulte 20 €, 4-12 ans 13,50 €, -4 ans 7 €. Horaires selon marée. 06 88 77 33 78. Vente de billets dans la cabane UBA au centre de l'esplanade de la jetée.

Passe-marée. Navette Andernos-Arcachon (50 min, 9 € l'aller simple, 18 € A/R), Andernos-Cap Ferret (1 h 10, 11 €/22 €). Départ du port ostréicole (cabane sur la droite du port après les parkings) et non de la jetée. 06 45 03 37 09.

Balades sur Ti'Bassin, basé au port ostréicole. Catamaran de 11 m à la découverte de l'île aux Oiseaux, cabanes tchanquées, banc d'Arguin, dune du Pilat, durée 2 h 30 à 8 h selon circuit choisi. Tarifs 35 à 68 €/pers. environ. Départ du port ostréicole. Tél. 06 62 82 42 17.

Boat Access, location de bateaux. 35 avenue du Commandant-David-Allègre. 07 86 87 56 17.

PESCATOURISME

- **OSTRÉICULTEURS**. 45 € par personne, demi-tarif pour les 8-12 ans, tarif famille (2 adultes, 2 enfants : 130 €). Durée : 3 à 6 h. **Olivier Pruney.** 34-35 quai de Lahillon. 06 63 14 38 78. **Jean-François Roux.** 35 avenue du Commandant-Allègre. 05 56 82 17 98.
- **PÊCHEURS.** 45 € par personne, demi-tarif pour les 8-12 ans. Durée : 4 h minimum. Port ostréicole. **Jean-Marie Briau.** 06 30 72 79 96. **Anthony Lambilliotte.** 06 74 09 81 22.

PETIT MUSÉE DE L'HUÎTRE

Port ostréicole, quai Lucasson. Cabane n° 68. 05 56 82 02 95. Visite guidée : gratuit jusqu'à 12 ans. Adulte : 1 €. Enfant : 0,50 €. Tous les jours en été, le jeudi pendant les vacances de février, de printemps et de mi-juin à mi-septembre.

BALADE À VÉLO

Les Balades Tchanquées. Promenades guidées à vélo. Visite du site gallo-romain et des villas, balade au bord du Bassin et arrêt dans une cabane ostréicole avec dégustation d'huîtres possible. Durée : 2 h-2 h 30, 35 € par adulte et 15 € par enfant, gratuit jusque 6 ans. Supplément de 10 € pour la dégustation. Départ tous les mercredis et sur demande pour les autres jours. 06 62 21 40 65

CINÉMA

Le Dolce Vita. 32 av. de Bordeaux. 05 56 26 04 30. 4 salles climatisées de 93 à 246 places. Films grand public et jeune public, programmation Art & essai, festivals et animations.

CASINO

Le Miami. 4 av. de Bordeaux. 05 56 82 00 65. Un bar-restaurant est implanté au cœur de la salle de jeux. **>>>** *(p. 18)*

L'église Saint-Éloi et les vestiges de la villa gallo-romaine.

Église et vestiges

À quelques dizaines de mètres du port se dresse la charmante petite église **Saint-Éloi** dont la pierre claire se détache sur l'azur du ciel et la verdure du parc Aurélien de Sarrau. Elle est la plus ancienne église du Bassin d'Arcachon avec celle de Lanton : la construction de la nef remonte en effet au milieu du XIe siècle. Elle fut modifiée, agrandie, reconstruite au fil des âges, au XIIe siècle pour l'abside et au XVe pour les flancs notamment. Une **fresque** datée de ce siècle existe d'ailleurs dans la **chapelle Sainte-Quitterie**, autour d'une alcôve abritant une statue de la sainte. Au Moyen Âge, des pèlerins de toute l'Europe faisaient étape ici, sur le **chemin de Compostelle**, contournant la « petite mer de Buch ».

Le clocher de l'église se situait autrefois traditionnellement au-dessus de l'entrée, côté Bassin, mais il fut emporté à plusieurs reprises par des tempêtes. Il fut donc décidé en 1896 d'en construire un nouveau à l'opposé, à l'arrière de l'édifice cette fois, sous la forme de ce clocher-porche inhabituel. Des travaux de rénovation entrepris entre 2007 et 2010 ont mis au jour des peintures qui avaient été murées, datées des XVIIe et XVIIIe siècles. Les vitraux datent des années 1970 et sont, comme à Arès, signés de l'artiste **Raymond Mirande**. Plus récente (2007), la fresque du plafond est de **Marc Borkowsky**.

L'église Saint-Éloi est bordée de magnifiques pins tortueux qui dispensent leur ombre aux bancs tournés vers le Bassin, à quelques mètres des **vestiges antiques** : il s'agit d'une petite partie des fondations d'une vaste **villa gallo-romaine** du IVe ou Ve siècle, véritable palais qui devait compter 80 chambres et s'étendre sur 150 m de long, fondations sur lesquelles a été bâtie l'église Saint-Éloi.

BON À SAVOIR

Dans l'église est conservée la pierre tombale de **David-Louis Allègre** qui, au XIXe siècle, fit beaucoup pour Andernos : il fit creuser des réservoirs à poissons à Andernos, créa une scierie mécanique sur le cours du Cirès qui coule non loin de là, et fit construire en 1836 le premier chalutier à vapeur au monde, *Le Turbot*, qui naviguait sur le Bassin.

La plus longue jetée du Bassin d'Arcachon.

La jetée et son esplanade

Depuis l'église Saint-Éloi, vous ne pouvez pas manquer la jetée Louis-David sur votre gauche : avec ses 232 m de long, elle est la plus longue du Bassin d'Arcachon. Il faut dire que **la mer se retire très loin du rivage à Andernos** et qu'il fallait pouvoir accoster à marée montante ou descendante. À marée basse, l'eau reste de toute façon hors de portée (la jetée avait été envisagée deux fois plus longue à l'origine). Pour la rejoindre, le plus agréable consiste à longer la plage sur 500 m. Vous pouvez aussi emprunter le bd de la Plage, parallèle à celle-ci, jusqu'à l'av. du Général-de-Gaulle, une des deux rues piétonnes du bord de mer, dans laquelle se trouvent commerces, cafés et restaurants, ou l'av. Pasteur, semi-piétonne.
Vous pouvez aussi bifurquer à droite sur la rue des Courlis ou, juste après, sur l'allée Gambetta, pour rejoindre la plage : une courte promenade surplombe celle-ci et vous mènera directement à **la jetée** en passant devant de belles villas édifiées fin XIXe-début XXe siècles (*Primrose, Myosotis, Sigurd* ou *Aline*, ancienne pharmacie où Sarah Bernhardt achetait ses produits de beauté…).

En voiture, l'été, le mieux est de rejoindre l'artère principale (le bd de la République), de vous y garer si vous le pouvez ou de tourner à gauche vers l'esplanade du Broustic et ses parkings ombragés disposés en enfilade. Vous trouverez également quelques places autour du parc Louis-David, rue Vergniaud, rue Roger-Maillard et av. Pasteur, mais elles sont peu nombreuses et très convoitées. Vous pourrez ensuite rejoindre le bord de mer à pied, par l'av. du Général-de-Gaulle.

Face à la jetée, la **place David-Gambetta**, voulue par le maire Louis David en 1906 ornée à l'époque d'une statue de Léon Gambetta, a connu de nombreuses modifications depuis sa création. Début du XXe siècle, on l'appelait la « place des Terrasses », elle était agrémentée de deux longues rangées parallèles d'arbres, et entourée de belles villas et de guinguettes. En 1926, on construisit la « jetée promenade » en béton destinée à remplacer la digue de sable qui menait aux bateaux de pêche. Longue déjà de 230 m mais un peu plus étroite qu'aujourd'hui, la jetée fut le point de départ d'autres projets : sur l'esplanade furent en effet érigés, à la fin des années 1920, l'Hôtel impérial qui se trouvait à l'endroit du restaurant Les Tamaris et de l'immeuble d'appartements actuels, puis un casino en 1932, le Miami, rasé en 1989 et déplacé depuis en périphérie de la ville.

La jetée a été **reconstruite en 1995**, plus large qu'à l'origine, et un pont flottant lui a été adjoint afin de faciliter l'accostage des petits bateaux qui assurent la traversée jusqu'à la jetée Thiers d'Arcachon ou vous emmènent en croisière sur le Bassin (uniquement en été). Sa réfection est à l'étude en 2022, dans le cadre de la modernisation de la ville.

La jetée et l'esplanade sont depuis toujours des **lieux de promenade** incontournables à Andernos, même par temps maussade quand les embruns vous fouettent le visage.

La villa *Ignota* est devenue la maison Louis-David, musée municipal.

Parc et musée Louis-David

En quittant l'esplanade de la Jetée, empruntez la rue de droite, l'av. Pasteur, et remontez-la sur une centaine de mètres à peine pour arriver au **parc Louis-David**, bel écrin de verdure en plein centre-ville, avec un carrousel pour les enfants, des bancs, un bassin avec jet d'eau et, bien entendu, la superbe maison Louis-David (ancienne villa *Ignota*) qui abrite aujourd'hui le musée de la ville et accueille chaque été des expositions temporaires.

Louis David fut le principal artisan de la transformation du petit village de pêcheurs qu'était Andernos au début du XXe siècle en station balnéaire. Avocat, il fut maire d'Andernos pendant 24 ans, de 1905 à 1929. Il se fit construire la superbe villa *Ignota* (que l'on peut traduire par « ignorée »), achevée en 1908 au milieu d'un parc alors ceint de hauts murs, dans laquelle il reçut nombre de célébrités, d'Aristide Briand à Gabriele D'Annunzio, en passant par Edmond Rostand ou Sarah Bernhardt. À sa mort en 1931, sa veuve, Berthe, passa commande d'une sépulture à l'artiste parisien Raymond Delamarre qui sculpta en huit mois *la Consolation* (nom donné à l'œuvre malheureusement un peu endommagée, que l'on peut voir au fond du parc, à l'opposé de la villa).

>>> Infos pratiques

Office de tourisme. Esplanade du Broustic (ancienne gare). 05 56 82 02 95.

Maison Louis-David. Musée municipal, 14 av. Pasteur. 05 56 82 51 84. Ouvert toute l'année. Visite guidée : se renseigner à l'OT.

LES MARCHÉS

Marchés de plein air

Tous les mardis matin, place de l'Étoile, quartier du Mauret.

Tous les vendredis matin, place du 14-Juillet (en face de la Poste), centre-ville.

Marché couvert

En attendant la fin de la construction de la nouvelle halle, prévue pour 2024 place du 14-Juillet, le marché couvert a été déplacé place Camille-Goubet.

Du 1er juillet au 31 août : tous les matins 7 j./7. En juillet-août, ouvert également en soirée les vendredi, samedi et dimanche de 18 h à 20 h.

Du 1er sept. au 30 juin : tous les matins, sauf le lundi (sauf vacances scolaires et jours fériés).

Les marchés du dimanche

Le dimanche matin, de 9 h à 13 h, place du 14-Juillet. Créations artisanales locales.

Où manger ?

AU PORT OSTRÉICOLE

Chez Huguette. 3 av. du Cdt-David-Allègre. 05 56 82 11 07. Poissons, huîtres et fruits de mer, terrasse

La villa fut rachetée par la municipalité en 1976. Véritable petit château avec ses deux ailes encadrant le perron de son corps central, elle fut ouverte au public après avoir retrouvé toute l'élégance de sa façade polychrome de pierres blanches soulignées de touches de briques de terre cuite. Devenue **musée municipal**, elle se visite tant pour son intérieur que pour ses collections de vestiges antiques (fragments de poteries, de statues, céramique, monnaies, bijoux...), d'objets préhistoriques (3 300 pièces, outils en silex, pointes de flèches...), ses manuscrits, ses photos et peintures anciennes du Bassin d'Arcachon. Des **visites guidées** y sont organisées. Renseignements à l'office de tourisme.

Celui-ci fournit aussi des itinéraires piétons, notamment un circuit passant par les **plus belles villas** d'Andernos: elles sont privées et ne se visitent pas mais vous pourrez les observer depuis l'extérieur. Parmi elles, la villa *Tijuka* (1908), devenue l'hôtel de ville (restauré en 1989), bd de la République.

Depuis le parc Louis-David, vous pouvez rejoindre le parking de l'esplanade du Broustic (**office de tourisme**) en passant par la place du 14-Juillet, entièrement refaite en 2020, qui accueille notamment un marché artisan le dimanche matin. Le **marché couvert** qui s'y trouvait a été rasé et sera remplacé dès le printemps 2024 par une structure contemporaine et lumineuse, dans l'esprit des halles Balthard, avec parking souterrain. Il a en attendant été déplacé en périphérie de la ville, place Camille-Goubet, où il se tient sous un

La villa *Yamina*.

Le *Royal Hôtel*.

La mairie d'Andernos.

donnant sur le Bassin. Adresse courue, souvent beaucoup d'attente.

Chez Éliette. 19 av. du Cdt-David-Allègre. 05 56 82 16 77. Poissons et fruits de mer, terrasse couverte, à côté de la poissonnerie du même nom.

La Cabanabill. 78 quai Lucasson. 05 56 60 81 15/ 06 89 95 03 30. Dégustation d'huîtres, déco en adéquation : vélos, chaises, couverts de coquilles d'huîtres.

La Cabane nacrée. Cabane 59, quai Lucasson. 07 50 85 73 81. Dégustations d'huîtres, bulots, crevettes et pâté. Terrasse au bout du quai face à la partie port de plaisance, vue sympa.

Station des gus. Cabane 21, quai Lucasson. 05 57 70 29 12. Dégustations d'huîtres, bulots, crevettes, plancha. Terrasse colorée, sympa.

Cabane 48. Quai Lahillon. 06 80 57 12 91. Huîtres et fruits de mer, terrasse très sympa au bord de l'eau, reconnaissable à son écriteau « Bienvenue ».

La Perle d'argent. Quai Lahillon. 06 63 78 07 29. Dégustations d'huîtres, bulots, crevettes et pâté. Terrasse au bord de l'eau, à côté d'un bassin dégorgeoir typique. Vente au détail.

L'Escapade. Cabane 26, quai Lahillon. 06 50 76 38 34. Huîtres du producteur et fruits de mer.

Chez Papy Boyington. Cabane 41, quai Lahillon. 05 57 18 36 44. Dégustation d'huîtres, bulots, crevettes pâté. Terrasse avec parasols en paille au bord de l'eau. **>>>**

Le port du Bétey et sa splendide villa.

immense chapiteau semi-rigide. Le **marché en plein air** du vendredi matin se tient en revanche toujours au même endroit, autour de la place et av. de Bordeaux.

Bétey et Mauret

Direction le Port de plaisance et la plage du Bétey, à 1 km du centre-ville. Un *betey* est en gascon un filet pour la chasse à la bécasse, ou le lieu où on le pose. À Andernos il est aussi le nom d'un ruisseau de quelques kilomètres qui prend naissance à la sortie d'Andernos et se jette dans le port de plaisance actuel. On a découvert là des milliers d'**outils préhistoriques** (40 000 environ) dès le XIXe siècle, faisant du Bétey l'un des principaux sites du néolithique sur toute la façade Atlantique, attestant de la présence de très anciennes cités lacustres, bien avant que ne se forme le Bassin d'Arcachon.

Les découvertes se sont succédé pendant plus d'un siècle, au Bétey et au lieu-dit la Cassotte, quelques centaines de mètres plus au sud. Il arrive encore aujourd'hui que la mer exhume des profondeurs et rejette sur le rivage des outils que nos ancêtres avaient taillés. En 2018, un Andernosien et son jeune garçon ont trouvé **une pointe de flèche et un grattoir** dont l'âge fut estimé à 4 500 ans. Notez, si cela vous arrivait, que tout objet préhistorique découvert sur le littoral, qui dépend du Domaine public maritime, appartient à l'État et doit être signalé et/ou remis à la mairie de la ville.

Autrefois port à vocation ostréicole, le port de plaisance du Bétey a été créé en 1968 (des travaux de rénovation et d'agrandissement sont envisagés à l'horizon 2023-2024). Dominé par une splendide demeure ressemblant à un manoir normand, il est bordé d'une

>>> Quai 44. Cabanes 43-44, quai Lahillon. 06 73 56 43 55. Poissons en direct du pêcheur.

Chez Julien. 1 quai Courbey. 07 86 09 49 15. Dégustation d'huîtres au bout du premier quai côté église, vue imprenable sur la baie.

Perlostrea, la dégustation. 37-38 quai Lahillon. 06 69 23 74 80. Dégustation d'huîtres réputée, beau spot sur le port de plaisance et le Bassin.

Cabane 31. 31 quai Lahillon. 06 68 18 82 41. Dégustation d'huîtres, bulots, crevettes pâté. Terrasse couverte.

EN VILLE

Fish Head. 1 promenade de la Piscine. 05 56 82 32 24. Entre Betey et Mauret, vue imprenable sur le Bassin, carte essentiellement marine mais pas seulement.

La Cabane du Mauret. 7 place de l'Étoile. 09 53 30 82 84. Joli restaurant blanc et bleu à la déco marine, cuisine maison, produits de la mer et du Sud-Ouest.

Les Tamaris. Place Louis-David. 05 56 26 74 77. Au pied de la jetée, vue imprenable sur le Bassin. Carte (trop ?) conséquente. Ouvert tous les jours de 9 h à 22 h 45, sans réservation.

L'Airial. 15 av. du Général-de-Gaulle. 06 32 32 13 10. À 150 m de la jetée, ambiance cabane, terrasse ombragée sous la vigne. Cuisine française, moules, huîtres, espadon…

jolie plage très agréable au pied d'une petite dune boisée, à proximité immédiate du parking du port, et offre une très belle vue sur la baie d'Andernos, notamment au coucher du soleil. À l'extrémité sud de la plage se trouve le **club des Marsouins**, ouvert l'été aux enfants de 3 à 12 ans.
C'est à ce niveau que prend naissance une **longue promenade piétonne** en béton qui longe la plage vers le sud jusqu'à Lanton. Très agréable, elle est agrémentée de bancs épars. Vous pouvez également y accéder par la rue de la Promenade de la Piscine ou la rue des Coquelicots où vous trouverez à chaque fois quelques places de parking.
Une première section de la promenade se déroule sur un peu plus d'1 km jusqu'à la **plage du Mauret**, dernière plage d'Andernos, à la limite de Lanton. Peu connue et donc peu fréquentée, très agréable, vous pouvez aussi y accéder en voiture par le bd de la République en direction d'Audenge, en tournant à droite sur le bd de l'Océan. À mi-chemin environ de cette artère de 800 m de long, vous arriverez place de l'Étoile, ainsi nommée en raison des huit rues qui y débouchent, et matérialisée par un rond-point au centre duquel trône un joli kiosque à musique. C'est là que chaque mardi se tient un marché en plein air, le deuxième de la semaine avec le marché du vendredi en centre-ville.
De la plage du Mauret, la promenade piétonne se prolonge pour une deuxième section d'un peu moins d'1 km qui vous mènera au port de Fontainevieille et à sa plage, à Lanton.

Le bac à voile, un des bateaux traditionnels du Bassin d'Arcachon.

Cette promenade est équipée d'un éclairage public : une bonne idée pour marier les plaisirs est de partir **en fin d'après-midi** du port du Bétey, de flâner sur les 2,5 km du parcours piéton au bord de l'eau, de dîner au restaurant F des Fontaines sur le port de Fontainevieille à Lanton, ou à mi-chemin du retour à l'excellent Fish Head, à côté de la piscine, pour profiter du coucher du soleil sur sa terrasse avec vue à 180° sur le Bassin.

La Petite Table. (« Chez Greg, restaurant bistronomique ») 15 bd de la Plage, à 200 m de la jetée. 05 56 82 46 88. Ambiance bistrot sympa, concerts occasionnels et belles assiettes de poissons, couteaux, viandes.

Pizzeria 45, Casa Francesca. 45 av. du Général-de-Gaulle. 05 47 43 04 16. Pizzeria depuis 1978, changement de propriétaire en 2019 : la carte s'est enrichie de salades gourmandes et de pâtisseries bio maison. Salon de thé l'après-midi en week-end.

La Maison. 49 bd de la République. 05 57 17 41 48. Cuisine française, produits frais, poissons de la criée d'Arcachon, viandes. Petit menu du jour.

Com D Roy. 288 bd de la République. 05 56 82 04 23 (ex-Le Cribus). Cuisine française bonne et copieuse, accueil sympa, terrasse à l'arrière du restaurant.

L'Ostra. 15 avenue Pasteur. 05 57 17 28 43. Cuisine française et exotique, poke bowls. Au cœur des rues piétonnes.

Le Cochon Volant. 136 bd de la République. 05 56 03 42 01. Cuisine traditionnelle revisitée.

Le Café de la place. 8 place du 14-Juillet. 05 56 60 97 33. Cuisine française faite maison au cœur du centre-ville. De nombreux adeptes.

Chez le Zoreil. 4 av. des Frères-Montgolfier. 05 57 70 34 58. Restaurant réunionnais, dans la zone d'activités.

3 Lanton (Taussat et Cassy)

Le territoire du Cœur du Bassin est constitué de Lanton, Audenge et Biganos. La commune de Lanton englobe les villages de Taussat-les-Bains et Cassy (ainsi que Blagon, dans les terres, que nous n'évoquerons pas ici). *Trois ports, trois visages*, dit un slogan touristique, mais d'autres attraits vous attendent, dont celles que l'on a baptisées les « belles de Taussat ». Il se raconte aussi que le fantôme d'un peintre célèbre hante les rues du village…

Si vous avez suivi la promenade en bord de mer en venant de la plage du Mauret, à Andernos, vous avez déjà découvert le petit port de plaisance de **Fontainevieille**, à **Taussat**, qui marque la « frontière » entre Andernos et Lanton. La délimitation entre les deux communes épouse le cours du ruisseau du Mauret, lequel se jette à proximité du port de Fontainevieille. Si vous vous y rendez par la route, vous passerez par le rond-point dit « de Fontainevieille », 400 m environ après le panneau d'entrée d'agglomération Taussat-les-Bains, où vous ferez la connaissance de Zoeira, la *Femme du vent*, fine sculpture de 3,50 m de haut réalisée par Dominique Pios, auteur de la *Femme océane* que vous avez pu voir au port d'Arès.

Le port de Fontainevieille est le plus récent de Lanton puisqu'il a été aménagé en 1975. Exclusivement destiné à la plaisance, vous y verrez quelques jolies pinasses à moteur parmi les petits voiliers. Après avoir profité de la vue depuis l'entrée du chenal, faites le tour du port : vous arriverez sur l'allée

Le rivage de Taussat est ponctué de magnifiques villas.

Fontaine-Vieille qui tire son nom d'un **puits artésien** qui avait été foré à cet endroit mais qui n'existe plus. Au bout de l'allée, la plage nord de Taussat est le point de départ d'une boucle de 2,5 km environ qui vous mènera jusqu'au vieux port, à la découverte des « Belles de Taussat » (prévoyez 1 h de marche).

Le port de Fontainevieille.

Les « belles de Taussat »

En 1856, la famille de Courcy, propriétaire des terres, entreprend de transformer son domaine agricole en station balnéaire, inspirée par l'intérêt croissant pour les « cures de bord de mer » en vogue à Arcachon où vient de naître le projet de Ville d'Hiver. Des parcelles de littoral sont vendues à de riches familles bordelaises ainsi qu'à des hôteliers et des restaurateurs. En quelques années, une douzaine de splendides villas sont bâties en front de mer, entre Fontainevieille et le port de Taussat, que firent creuser les de Courcy. **Taussat-les-Bains** était née.
En longeant la plage depuis le port de Fontainevielle, vous arriverez d'abord devant

Le château de Torre.

celle qui est depuis 1949 la villa ***Béthanie***: autrefois *chalet Pereire*, elle fut la toute première des villas construites ici, en 1863. Sans doute destinée à l'origine à devenir un établissement de bain, elle comptait alors 15 chambres, des dépendances et des écuries.

Un peu plus loin s'élève le **château de Torre** ou château de Taussat, exubérante demeure de pierre blanche au toit d'ardoise aux allures de château, que deux chirurgiens-dentistes de Bordeaux, les frères Gastañazatorre, firent construire en 1902 pour leur retraite. Racheté en 1955 par la Fédération des Œuvres laïques de Haute-Savoie (FOL 74), il est aujourd'hui le *Castel Landou*, centre de vacances d'une capacité de 165 personnes, rénové en 2013.

Juste à droite du château, plus modeste mais tout aussi intéressante, la villa ***Bagatelle***, construite dans le style arcachonnais en 1885 pour un négociant de Bordeaux, est facilement repérable depuis la plage grâce à son cloître qui, bien que d'apparence antique, date de 1911.

Bagatelle est surtout connue pour avoir accueilli le peintre **Henri de Toulouse-Lautrec**: il y passa tous ses étés de 1895 à 1901, année de sa mort à 37 ans.

La petite allée qui remonte de la plage, à gauche de *Bagatelle*, porte le nom de Toulouse-Lautrec. Vous pouvez la remonter sur quelques mètres pour mieux apercevoir la villa lovée sous les arbres et cachée derrière une haie qui fait le tour de la propriété. Cent mètres plus loin sur la plage, vous arrivez à *La Tosca*, demeure majestueuse et imposante, donnant sur le rivage et dont on voit le « belvédère » depuis l'île aux Oiseaux. Rachetée en 2005 par un couple franco-néerlandais, elle fut transformée en *luxury lodge*, une demeure de luxe cinq étoiles. Elle fut construite en 1903 dans le style génois, pour le procureur de la République de Bordeaux de l'époque, au milieu d'un parc soigneusement boisé dans lequel on avait creusé un **puits artésien**, à 80 m de profondeur,

La Tosca.

La plage des Cabines.

pour fournir le domaine en eau potable (le puits existe toujours et alimente désormais la piscine écologique de l'établissement). Baptisée *La Tosca*, puis *Hurlevent*, la belle a retrouvé son nom de naissance ainsi que sa splendeur lors d'une restauration récente. Le perron et l'entrée ont été ajoutés, mais en respectant les matériaux d'époque, les pierres étant taillées selon les mêmes méthodes qu'en 1903.

Le vieux port de Taussat

Continuez de longer la **plage des Cabines**, ainsi nommée car elle accueillait autrefois les cabines de plage dans lesquelles on pouvait se changer à l'abri des regards, pour arriver au charmant **vieux port de Taussat**. Comme en atteste une pierre commémorative (copie de l'originale conservée à l'écomusée Gardarem), il a été inauguré en 1878 et appartenait alors à la famille de Courcy, puis a été cédé à la commune en 1917.
Vous pouvez en faire le tour en passant devant **le restaurant Le Platane** et quelques cabanes d'ostréiculteurs de l'allée Thalassa, puis prendre sur votre droite sur l'allée des Tamaris qui se prolonge, 200 m plus loin, par l'allée des Cabanes.

Les puits artésiens

Il existe tout autour du Bassin d'Arcachon un grand nombre de puits artésiens alimentés en eau potable. Il y en a même sur l'île aux Oiseaux et sur l'île de Malprat, seules sources d'eau douce disponible. Les puits dits « artésiens » tirent leur nom de la région de l'Artois où des moines du XIIe siècle en avaient creusé pour accéder à de l'eau potable (mais il en existait déjà dans l'Égypte antique). Le principe est de forer jusqu'aux nappes les plus profondes, l'eau, dite « jaillissante », remontant alors naturellement sous la pression. Ici ils ont été forés à de grandes profondeurs (de 100 à 200 m dans un premier temps, puis jusqu'à plus de 600 m), afin de fournir une eau pure à la population : à ces profondeurs coulent en effet des eaux naturellement filtrées durant des milliers d'années, provenant, pour simplifier, des Pyrénées et du Massif central. Il y aurait eu au total près de 400 de ces puits autour du Bassin, forés durant un siècle, des années 1860 à 1960, et certains d'entre eux sont toujours en fonction.

Le vieux port de Taussat.

Ici se trouvent les quatre cabanes qui abritent l'**écomusée Gardarem** (« Nous garderons », en gascon). Créé en 1998, il rassemble des outils et des costumes d'époque, des affiches, des gravures... On y découvre les métiers de la pêche, de l'ostréiculture et du gemmage, les trois activités principales de la région pendant très longtemps.

Gardarem, sur le port de Taussat : à visiter pour retrouver l'histoire du Bassin !

Balade dans Taussat

Rebroussez chemin vers le **port de Fontainevieille** en passant par le bourg plutôt que par la plage, à la rencontre d'autres **« belles de Taussat »** : remontez l'allée des Tamaris en longeant le vieux port, tournez sur l'allée Albert-Pitres (neurologue et psychiatre renommé de Bordeaux). Vous y verrez, sur votre gauche, la belle et imposante villa (le chalet *Albert-Pitres*) qu'il s'y fit construire en 1904 dans le style de la Ville d'Hiver d'Arcachon, sur un vaste terrain boisé.
Continuez de remonter l'allée pour arriver à l'angle de la place de Courcy et du bd de la Plage, que vous suivrez sur votre gauche. C'est là que furent construits, en 1857, les

Infos pratiques

Office de tourisme. 1 route du Stade, Cassy. 05 57 70 67 56. L'office de tourisme propose, sur réservation, nombre de sorties en mer ou dans la nature :

EN BATEAU (DÉPART PORT DE CASSY)

- **Petit matin vers l'île** (le Bassin aux premières lueurs de l'aube, 30 €).
- **Balade de port en port** (domaine de Certes, port d'Audenge, île de Malprat, ports des Tuiles et de Biganos, etc., 60 €).
- **Sunset Suzette** (l'île aux Oiseaux au coucher de soleil, 50 €).
- **Balade en kayak de mer** (dans le domaine de Certes avec un naturaliste, 33,50 €).

SORTIES NATURE ET DÉCOUVERTE

- **Bassin qui es-tu ?** (sortie avec une animatrice sur le sentier du littoral entre le port de Cassy et la plage Suzette (8 €, gratuit - 6 ans).
- **Les belles de Taussat** (découverte des villas Belle Époque, durée 2 h, 5 €/adulte, gratuit - 12 ans).
- **Initiation à la pêche à pied** (à marée basse avec un animateur, 8,50 €).
- **L'arbre d'or et le gemmage** (découverte du gemmage avec un résinier, 9 €)...

ANIMATIONS LUDIQUES ADAPTÉES AUX ENFANTS :

- **Les P'tits grains de sable** (collecte de coquillages, boîte à toucher, land'art, à partir de 3 ans, 8,50 €),
- **Pince-mi pince-moi** (petite pêche aux crabes, à partir de 5 ans, 8,50 €).

tout premiers **« chalets » de Taussat de la famille de Courcy**. La maison du n° 26, construite en 1880, existe toujours. Juste à côté, à l'angle de la rue de la Poste, se trouve une curiosité, la villa *Les Tamaris*: voulue par M. Emery, un industriel de Dordogne, elle fut construite en 1905 en béton, une technique alors inédite sur le Bassin d'Arcachon (on l'appelle d'ailleurs « la villa en ciment »). Plusieurs fois modifiée au cours du temps (elle abrita notamment une maison de retraite), elle fut rénovée en 2008 dans l'esprit d'origine, d'après des photos d'époque.
Un peu plus loin, au n° 38 du bd de la Plage, se trouve la villa *Sainte-Marguerite*, construite vers 1900. Elle appartenait au Dr Fieux et son épouse, Germaine Mauriac, la sœur aînée de l'écrivain **François Mauriac** qui, semble-t-il, y séjourna à plusieurs reprises.
150 m plus loin, vous croiserez l'allée Toulouse-Lautrec. En prenant à droite vous vous rendrez à la **chapelle Saint-Louis**, à moins de 100 m de là, également appelée chapelle de Courcy, bâtie entre 1860 et 1864 à la demande de la pieuse famille. Vous admirerez sa façade clocher qui semble artificiellement collée au corps de bâtiment, sans doute parce que la chapelle a été refaite et agrandie à deux reprises, en 1949 et 1963. **Les vitraux, des années 1976 à 1980, sont de Raymond Mirande**, qui a également réalisé ceux des églises d'Arès et d'Andernos. De la chapelle, vous pouvez désormais suivre **l'allée de la Forêt** qui vous ramènera à votre point de départ, le port de Fontainevieille, à environ 300 m de là.

Cassy

Le village suivant est celui de Cassy, bien connu des golfeurs de la région pour son charmant 9 trous des Aiguilles vertes. Le nom du village vient de *casse*, « chêne » ou « chênaie » en gascon.
Cassy est séparé de Taussat par la Berle de Cassy (*berle*, « ruisseau »). Vous ne pourrez pas voir ce cours d'eau depuis la route car il passe en dessous, mais si le cœur vous en dit, tournez à droite sur l'allée Robinville, à la sortie d'un virage, une centaine de mètres avant le panneau d'entrée d'agglomération

La chapelle Saint-Louis à Taussat.

Écomusée Gardarem. 2 allée des Cabanes, Taussat. 06 63 58 78 81. Ouvert tous les jours pendant les vacances scolaires, les samedis et dimanches, 17 h-19 h le reste de l'année. Entrée gratuite.

BALADE EN BATEAU

Le batelier de Suzette. Promenades en bateau au départ du port de Cassy. 06 16 53 43 24. À partir de 38 €/pers., privatisation possible.

MARCHÉS

Tous les dimanches de 8 h 30 à 13 h 30, rue Teychoueyres à Cassy. Pendant l'été, la municipalité met en place environ 5 marchés nocturnes, le jeudi, sur la place de Courcy à Taussat-les-Bains.

GOLF

Golf des Aiguilles Vertes. Route de Bordeaux à Cassy-Lanton. 05 56 82 95 71. 9 trous, 2 247 m, par 33. Practice 21 postes dont 2 couverts, et putting green. Club house et bar, location de clubs, chariots, voiturettes, proshop…

Où manger ?

Le F des Fontaines. 17 av. Jean-Bart, port de Fontainevieille. 05 57 70 23 43. Restaurant et bar à tapas avec vue imprenable sur le Bassin, vaste terrasse. Poissons, fruits de mer, canette, rognons, souris d'agneau…

Le Platane. Vieux port de Taussat. 05 56 60 58 98. Un incontournable, tant pour ses assiettes (poissons, fruits de mer, produits du terroir…),que pour la vue sur le Bassin et le vieux port. **>>>**

de Cassy, et allez jusqu'au bout : la Berle de Cassy se jette dans le Bassin d'Arcachon, entre deux perrés (petites digues).
À marée basse, vous aurez ici une jolie vue sur ce qui reste des prés salés de Lanton à cet endroit.
Un peu plus loin se trouve le **port de Cassy** (autrefois port du Renêt, du nom de la berle qui se jette ici dans le Bassin d'Arcachon). Entre les deux premières darses, vous pourrez vous promener au milieu de **cabanes ostréicoles**. Au bout de la rue, au bord du Bassin, se trouve un grand parking sur la droite. Vous pouvez alors visiter les cabanes ostréicoles légèrement en retrait du parking, et pourquoi pas faire une halte au restaurant de fruits de mer L'Atelier N.3, dont l'agréable terrasse donne sur le chenal. À gauche du parking s'ouvre aussi la **petite plage du port de Cassy**, avec son parc de jeux de plein air pour les enfants et sa boîte à livres.
Mais nous vous conseillons plutôt l'adorable **plage Suzette** qui donne sur « la baie des fées » : en sortant du port, tournez à droite une centaine de mètres plus loin, sur l'av. de Californie. Vous arrivez au pied de cette plage charmante et d'un ancien réservoir à poissons que longe un chemin que vous pouvez emprunter.

Si la marée est basse, ou si vous souhaitez baigner des petits sans danger, rendez-vous au **bassin de baignade de Lanton** non loin de là (par la route de la Plage sur la droite). La salle de sport du Braou et son parking donnent sur le plan d'eau où les enfants ont pied, la plage est surveillée en été, un espace pique-nique est à disposition. Ce **bassin de baignade labellisé Handiplage** garantit aux personnes à mobilité réduite un accès sécurisé (roulement aménagé sur sol dur) ainsi que du matériel (un tiralo et deux hippocampes).

Nous sommes désormais tout proches d'Audenge et de la berle de Lanton, qui sépare les deux communes et marque le début du **domaine de Certes et Graveyron**. Le parcours du circuit de Certes démarre près du bassin de baignade, et il vous faudra parcourir un peu plus de 9 km pour vous rendre jusqu'à l'entrée du domaine, à Audenge. Vous pouvez en découvrir une première moitié à partir d'ici, puis vous rendre à Audenge en voiture pour poursuivre la visite.
Une petite halte à l'**église Notre-Dame** avant de quitter Lanton. Au dernier rond-point de la ville, tournez à droite au panneau « Église et Cimetière ». L'église Notre-Dame est, avec l'église Saint-Éloi d'Andernos, la plus ancienne du Bassin d'Arcachon puisqu'elle date du XIIe siècle et a été transformée au fil des âges, notamment au XIXe siècle. Comme l'église Saint-Éloi, Notre-Dame se trouve sur le chemin littoral de Saint-Jacques de Compostelle.

>>> **La Maison fraîche**. Vieux port de Taussat. 4 allée Thalassa. 05 56 82 24 79. Dégustation à la cabane, huîtres, fruits de mer et poissons.

Le Shed. 26 allée Robinville. 06 37 20 94 12. Cabane de dégustation d'huîtres à l'écart, face au Bassin, le long de la berle de Cassy.

Le Cabanon. Rue du Port, Cassy. 05 56 82 99 54. Une cabane ostréicole transformée en restaurant convivial qui existe depuis 30 ans. Poissons et fruits de mer.

L'Atelier N.3. Rue du Port, Cassy. 05 56 82 84 62. Huîtres et fruits de mer, nature ou à la plancha, sur une terrasse sympa donnant sur le port.

L'Ostalada. 20 bd Charles-de-Gaulle. 05 56 60 97 21. Restaurant traditionnel pour gourmets.

Arthur's pub. 3 av. Paul-Gauguin (à côté de l'Intermarché). 05 56 60 41 14. Pub irlandais, tapas, burgers, fish and chips, carte de bœuf, salades.

Le Baryton. 8 av. Paul Gauguin. 06 43 51 95 84. Café concert associatif (2 fois par semaine), concerts de jazz, théâtre, expositions… Petite restauration.

Vente d'huîtres à Audenge.

L'huître du Bassin, depuis les Romains !

Les Romains consommaient déjà ce mollusque au IVe siècle, mais ils ne le cultivaient pas : ils le ramassaient, comme on le fait avec les moules ou les coques. La pratique perdura tardivement, jusqu'à ce que Napoléon III, grand amateur, crée en 1856 les premiers parcs impériaux à Arcachon.

Un maçon arcachonnais, J**ean Michelet, inventa à cette époque la technique du chaulage des tuiles**, consistant à les enduire d'un mélange de chaux et de sable : les larves des huîtres, ou naissains, s'y fixent et on peut ensuite les décrocher sans les abîmer. Aujourd'hui on se sert plutôt de tubes et de coupelles en plastique pour collecter les larves.

Vous verrez ces tuiles blanchies, ou chaulées, empilées un peu partout sur les plages ou près des cabanes ostréicoles.

Les ostréiculteurs du Bassin exportent les jeunes huîtres de 2-3 cm en Bretagne ou en Normandie, mais aussi en Irlande, au Portugal ou en Espagne, où elles poursuivent leur croissance et sont commercialisées sous d'autres noms.

Après bien des vicissitudes et risques de disparition, l'ostréiculture locale connut un nouvel élan au début des années 1970, quand on importa l'huître creuse du Japon, qui succéda à l'huître plate indigène et à l'huître portugaise. Elle est aujourd'hui la seule à être élevée dans le Bassin d'Arcachon, lequel se divise en quatre « terroirs » : le banc d'Arguin, le Cap Ferret, le Grand Banc et l'île aux Oiseaux.

Bien entendu, le principal attrait sera pour vous **de les déguster, sur place ou à la maison, et vous aurez l'embarras du choix : plus de 300 ostréiculteurs travaillent sur le Bassin d'Arcachon**, et plusieurs dizaines d'entre eux vous ouvrent leur terrasse pour une **dégustation à la cabane**. Profitez-en et savourez, **mais n'oubliez pas que le métier est rude et qu'il faut trois ans d'efforts avant que l'huître ne trouve le chemin de l'assiette**.

4 Audenge

Une toute petite plage sauvage, un joli port conjuguant pêche, ostréiculture et plaisance, la plus longue piscine de plein air et d'eau de mer ainsi que les plus vastes marais endigués d'Europe : Audenge mérite avec ces seules curiosités une halte lors de votre séjour. Les amoureux de nature, d'observation et de marche s'y rendent pour le domaine de Certes et Graveyron, un espace unique sur le Bassin d'Arcachon.

Le domaine de Certes et Graveyron

Le **domaine de Certes et Graveyron** débute juste à l'entrée de la ville, au niveau du premier rond-point. Classé Espace naturel sensible et qualifié de « poumon vert du Bassin », il est depuis 1984 la plus grande propriété du **Conservatoire du Littoral**. Dix années de travaux, de 2007 à 2017, ont été nécessaires à la restauration des digues, bassins et écluses, et pour en faire un haut lieu de la biodiversité : des centaines d'espèces d'oiseaux, d'insectes et de plantes y sont répertoriées, ainsi que 42 espèces de mammifères et 11 de reptiles et amphibiens.
Sur une superficie de 527 ha, **deux itinéraires** vous permettront de découvrir des paysages de cours d'eau, de marais endigués (les plus vastes d'Europe), de prairies humides et de nombreux bassins artificiels qui ont servi à la production de sel (au XVIIIe siècle) puis à la pisciculture, du milieu du XIXe siècle jusqu'aux années 1960.

Un temps abandonnée, la **ferme de Graveyron**, qui date également du XIXe siècle, a été réhabilitée et réaménagée en 2011. Une partie des anciens bâtiments de l'exploitation, rénovés, héberge désormais le Conservatoire botanique national Sud-Atlantique, un Centre de conservation et d'étude archéologique, mais aussi le Centre de sauvegarde de la faune sauvage de la Ligue protectrice des oiseaux (LPO) qui soigne et prend en charge plusieurs milliers d'animaux chaque année.

LA VACHERIE

La Vacherie est le bâtiment d'accueil. Expositions, explications, plans et brochures vous attendent. Animations et visites sont organisées gratuitement (sur réservation en raison d'un nombre de places limité) toute l'année avec des guides naturalistes. Certaines permettent d'accéder à des secteurs inaccessibles au grand public, ou vous le feront découvrir à la nuit tombée…

La ferme est de nouveau exploitée depuis 2013 : vous pourrez voir les **troupeaux** de vaches, bazadaises et blondes d'Aquitaine, dans les prés. L'agriculteur, qui participe à l'entretien du domaine, possède également un cheptel de brebis (basco-béarnaises et tarasconnaises), et vend localement une partie de sa production. Des pêcheurs concessionnaires sont également présents sur le site où ils élèvent notamment anguilles et crevettes.

Sur le domaine, **deux itinéraires balisés** sont proposés en libre accès :

- Au départ de La Vacherie, la **boucle de Graveyron** (6 km, 2 h environ) vous mènera à la ferme de Graveyron puis vous fera longer le chenal de Certes et passer entre les bassins piscicoles, avant d'arriver à la petite plage sauvage de Graveyron et au port d'Audenge. De là vous poursuivrez la balade fléchée qui « boucle la boucle » et vous ramènera à votre point de départ.
- Vous pouvez aussi choisir le deuxième itinéraire, le **circuit de Certes**, et effectuer plus tard la boucle du Graveyron en partant du port. Le circuit de Certes est beaucoup plus long et, surtout, il ne forme pas

Une des 31 écluses du domaine.

La boucle de Graveyron.

une boucle : il s'étend sur 9,3 km, nécessite quelque 3 h 30 de marche si vous voulez le parcourir en entier, et vous mènera au bassin de baignade de Lanton. Il peut être judicieux de visiter cette partie en deux fois, en partant de Lanton pour une première moitié, puis d'Audenge pour la seconde. Des travaux d'aménagement ont été réalisés fin 2022-début 2023 : un secteur piétonnier de 2,7 km sur la fin du parcours (sur la commune de Lanton) permet d'éviter de croiser la route D3 et d'emprunter une partie de piste cyclable, dont 1,1 km doté de platelage en bois destiné à faciliter le cheminement des personnes à mobilité réduite.

Quel que soit le parcours choisi, une gourde, un chapeau et de bonnes chaussures sont plus que recommandés, ils sont indispensables en été : il fait très chaud sur ces parcours, une partie des chemins est protégée d'une éventuelle brise par de hautes haies et le soleil « cogne » vraiment, en plus de se réverbérer sur les plans d'eau.

Le château de Certes

Le château de Certes se trouve sur le chemin menant aux deux itinéraires du site. Il fut achevé en 1866 (et non en 1836 ou 1840 comme on peut encore le lire souvent). Construit par Ernest Valeton de Boissière, il s'agissait d'une maison de maître (le belvédère actuel n'existait pas à l'origine). Une partie des matériaux utilisés pour sa construction fut récupérée de « la maison Civrac », l'ancienne demeure bourgeoise qui s'élevait ici, construite en 1766-1768 par le marquis de Civrac et détruite en 1866 pour laisser place au « château Boissière ». Celui-ci fut racheté en 1895 par la famille Descas

Le château de Certes a retrouvé son lustre d'antan.

SAINT YVES

Saint Yves est le saint patron d'Audenge (on trouve aussi une stèle à son effigie au bout de la digue du port). Il est doué, dit-on, d'aptitudes de guérisseur : chaque année, lors de sa fête le 19 mai, la tradition veut que l'on aille « frotter saint Yves », c'est-à-dire passer un linge sur la statue à l'endroit où l'on ressent des douleurs, pour ensuite appliquer ce linge sur le corps du malade, au même endroit, pour « faire partir le mal ».

L'église Saint-Paul d'Audenge.

qui le modifia assez considérablement, avec notamment l'édification du belvédère au centre de la demeure, mais aussi la transformation du rez-de-chaussée qu'elle orna de bois précieux et qu'elle décora dans le style Second Empire, ce qui lui vaut désormais d'être inscrit sur la liste des Monuments historiques.
Peu à peu laissé à l'abandon après l'arrêt de l'exploitation Descas dans les années 1960, le château était une quasi-ruine au moment de son rachat par le Conservatoire du Littoral en 1984. D'importants travaux ont été entrepris depuis, en plusieurs phases, et la demeure a retrouvé son lustre d'antan en 2017 avec la rénovation de l'extérieur. Le château reste toutefois fermé au public.

Église et bassin de baignade

Peut-être avez-vous profité de votre balade autour de la boucle de Graveyron pour visiter **le port**. Si ce n'est pas le cas, reprenez la route et traversez Audenge sur un peu plus d'un kilomètre par la rue principale, puis tournez à droite sur l'av. du Général-de-Gaulle : vous arrivez d'abord à l'**église Saint-Paul**, à côté des **halles** de la ville, réhabilitées en 2017, sur un angle de la place du Marché où celui-ci se tient chaque mardi matin de l'année. L'église Saint-Paul a été construite en 1878 (le clocher a été rebâti en 1928, d'où les deux années qui figurent sur la clef de voûte à l'entrée) dans le style néoroman de la plupart des églises de la région, à l'endroit que l'on nommait alors « le champ de foire ». Ses deux cloches datent de 1817 et 1869, la première provenant de l'église Sainte-Croix de Bordeaux et la seconde de l'ancienne église d'Audenge qui se situait au centre du cimetière actuel.
À l'intérieur de l'église Saint-Paul, vous pourrez admirer les vitraux d'origine (1878), ainsi qu'une statue en pierre colorée de **saint Yves** datant du XVIIe siècle, ou encore un bas-relief du sculpteur Claude Bouscau, « La pêche miraculeuse », offert en 2022 à la commune par les héritiers de l'artiste. Autour de l'église sera bientôt réalisé un parc paysager dont les travaux ont commencé en octobre 2022 pour un achèvement prévu début 2024.
En vous dirigeant depuis l'église vers le port, vous passerez devant un skate-park et un espace de jeux avant d'arriver au **bassin de baignade** Émile-Ortel, composé de trois plans d'eau de profondeur différente.

À l'origine, il s'agissait de « bassins de chasse » : par le jeu de vannes, on remplissait et vidait les trois réservoirs au gré des marées afin de générer suffisamment de courant pour évacuer (« chasser »,

Le port d'Audenge.

donc) la vase et les alluvions qui s'accumulent dans les ports du Bassin et risquent de combler les chenaux qui y accèdent. Construits en 1933, ces bassins de chasse ont été transformés en piscine en 1976 par la municipalité, pour pallier la quasi-absence de plage sur la commune : la formule plaît, à en juger par l'affluence en été. Les bassins sont surveillés tout l'été. Douches et vestiaires de plage.

Le bassin de baignade.

Un système de pompage permet le renouvellement constant d'une partie de l'eau pour en garantir la qualité, régulièrement contrôlée. Avec 220 m de long et 170 m d'espace de baignade sur 17 m de large, c'est la plus longue piscine d'eau salée d'Europe.

Le port et la plage de Graveyron

Une fois passé la piscine, vous arrivez au **port d'Audenge** où un parking d'une centaine de places vous attend sur la gauche. Le cours d'eau qui longe le parking sur la gauche est le **ruisseau d'Aiguemorte** qui se jette dans le port de plaisance sud puis dans le Bassin. Au-delà du ruisseau, vous pouvez voir les anciennes **salines** qui furent créées au XVIIIe siècle. Au XIXe, elles furent transformées en **bassins piscicoles** par leur nouveau

Cabanes de dégustation sur le port d'Audenge.

BON À SAVOIR

La Cabane bleue a été transformée en 2008 en salle d'exposition municipale. De février à novembre, artistes et artisans d'art y exposent leurs créations (peintures, sculptures, photographies...) ou y font des démonstrations, voire y organisent des stages.

propriétaire, M. L'Escalopier, qui donna son nom au domaine que l'on désigne toujours ainsi aujourd'hui.

Le **port d'Audenge** a été construit en plusieurs étapes : commencé en 1894 et achevé en 1904, il remplaçait l'ancien qui se trouvait sur le domaine de Certes et fut actif jusqu'en 1888. Le port actuel est divisé en trois parties :

- le port de plaisance sud (sur la gauche), au bord du domaine de L'Escalopier ;
- le port ostréicole (au centre), avec ses cabanes colorées et ses bateaux de pêche et d'ostréiculture ;
- le port de plaisance nord, au bord du domaine de Graveyron.

Depuis le parking, longez la digue et le port de plaisance sud pour avoir une vue d'ensemble des cabanes ostréicoles du quai d'en face. Vous allez maintenant rejoindre la stèle dédiée à saint Yves, érigée au bord du Bassin en 1949 (faites-en le tour pour voir saint Yves).

De là, vous pourrez embrasser l'un des paysages les plus sauvages du Bassin d'Arcachon : sans doute aurez-vous du mal à en distinguer les détails, mais sachez que sur votre gauche, juste au-delà des bassins du domaine L'Escalopier, se jettent **la Leyre et ses différents bras** (l'Eyre, l'Eyre du Malprat, l'Eyre du Teich) qui ont formé le delta du même nom. Au milieu de ce paysage marécageux des origines se trouvent l'**île de Malprat** et la pointe de l'Eyre, un îlot situé en face de la réserve ornithologique du Teich.

Sur l'horizon, par beau temps, vous apercevrez sans doute la dune du Pilat qui se dresse un peu plus à droite.

Il est temps de rebrousser chemin et de continuer la visite du port. Repassez entre les deux restaurants du parking et traversez à pied le pont qui enjambe la darse du port ostréicole afin de rejoindre celui-ci. Au niveau de la pinasse « décorative », contournez la première cabane du port par la gauche afin de longer les terrasses joliment décorées des ostréiculteurs qui proposent une dégustation de leurs huîtres. Tout au bout, vous arrivez à la Cabane bleue.

La petite plage sauvage de Graveyron.

Après l'avoir visitée, contournez-la et longez de nouveau les cabanes, de l'autre côté cette fois, où se trouve le **port de plaisance nord**, plus petit que celui du sud. Faites-en le tour et au bout, tournez à gauche au niveau du parking bitumé, puis suivez le chemin piétonnier sur la gauche. Vous allez longer le charmant « quai aux pontons », autrefois parsemé, comme son nom l'indique, de vieux pontons en bois qui à l'ombre des tamaris permettaient aux plaisanciers d'accéder à leurs embarcations… Ils ont été remplacés en 2020 par des pontons modernes, dont un patrimonial réservé aux embarcations traditionnelles du Bassin d'Arcachon.

Le chemin piétonnier qui longe le port fait partie de la **boucle de Graveyron**, dont vous pouvez parcourir les 6,2 km à partir d'ici. Le chemin est fléché. Passant autour des bassins piscicoles, des prés et de leurs troupeaux de vaches ainsi que par la ferme de Graveyron, il vous ramènera au port.

Vous pouvez aussi simplement longer le chemin sur 300 m pour arriver à la **plage de Graveyron**, sauvage et magnifique. Bordée de tamaris, elle s'étend sur 200 m de long à peine et s'ouvre sur une eau généralement calme d'où émergent çà et là des îlots d'herbiers visités par bon nombre d'oiseaux marins qui y trouvent leur nourriture (poissons et crevettes se reproduisent autour de

Infos pratiques

Office de tourisme. OT Cœur du Bassin, bureau d'Audenge, 20 allée Ernest-de-Boissière. 05 57 70 67 56. L'OT propose des sorties sur réservation :

- **Visite guidée du port ostréicole** (durée 2 h, 12,50 € avec dégustation d'huîtres, 4,50 € pour les 11-17 ans sans dégustation, gratuit - 11 ans).
- **Balade « vasement bien »** dans le chenal des domaines de Certes et de Graveyron (balade à marée basse dans le chenal de Certes, à partir de 7 ans, 9,50 €).
- **Balade au crépuscule et observation du ciel nocturne** (avec un naturaliste dans le domaine de Certes et Graveyron, puis avec les animateurs du Club d'Astronomie Bételgeuse, 8,50 €)
- **Histoires et saveurs d'ici** (visite du port d'Audenge et découverte de l'ostréiculture à travers une cabane traditionnelle, 12,50 €, gratuit - 11 ans).
- **Secrets du marais de Mesple** (uniquement en visite guidée avec un guide naturaliste, durée 2 h, 8,50 €, gratuit - 12 ans).
- **Poisson vole** (fabrication d'un cerf-volant), Atelier carte du ciel tournante, Petite pêche en mare…

La Cabane bleue. Espace d'expositions, 28 rue du Port. Programme de la saison sur place ou renseignements en mairie. 05 56 03 81 50

Domaine de Certes et Graveyron. 47 av. de Certes. 05 56 82 71 79. Espace naturel de 530 ha. Ouvert tous les jours (expositions, visites guidées, informations sur le domaine…). De nov. à mars : 10 h-13 h/14 h-17 h. D'avril à oct. :

Une famille de cygnes près du rivage.

ces herbiers qui sont aussi un refuge pour les alevins), et d'autres oiseaux qui se nourrissent de **zostères**, ces plantes marines longues aux feuilles en forme de rubans. Vous y verrez d'ailleurs souvent des familles entières de **cygnes** qui nichent autour de la réserve ornithologique du Teich toute proche et fréquentent la pointe de l'Eyre autant que les marais endigués du domaine de Certes : la plage de Graveyron, qui se situe entre les deux, est un excellent point d'observation de ces oiseaux. Un premier couple de cygnes dits tuberculés fut introduit en 1972 dans la réserve du Teich et l'on en compte au moins une cinquantaine aujourd'hui (ils furent près d'une centaine de couples au début des années 2000).

Sachez enfin, avant de quitter Audenge, que depuis 1845 existe sur la commune un site d'élevage d'animaux bien moins gracieux puisqu'il s'agit de... **sangsues**, dans des marais que l'on ne peut visiter pour des raisons évidentes de sécurité (des milliers de ces bestioles grouillent dans des bassins). Quelque 100 000 sangsues sont vendues chaque année par la société Ricarimpex, dont 70 % à l'étranger, le site d'Audenge étant l'un des plus importants au monde. Leur usage ? Essentiellement la microchirurgie et la chirurgie plastique.

10 h-13 h/14 h-18 h. De juin à sept. : 10 h-19 h. Accès libre aux deux circuits : domaine de Certes : 9,3 km (3 h 30) et domaine de Graveyron : 6 km (2 h).

MARCHÉ

Tous les mardis de 8 h à 13 h, place du Marché, près de l'église. Sous la halle du marché et sur l'av. du Général-de-Gaulle.

Où manger ?

AU PORT

Cabane n° 8. Chez Bernard Bergez, rue du Port. 06 10 31 53 94. Huîtres et poissons frais, terrasse avec parasols colorés au bord de la darse.

Cabane n° 10 - O'mils. Rue du Port. 06 80 02 77 18. Huîtres, crevettes, bulots, pâté.

Cabane n° 12. Chez Baleste. Rue du Port. 05 56 60 33 30. La cabane rouge fleurie et avec une terrasse couverte, au cas où.

La Gravette. Rue du Port. 05 57 17 55 49. Brasserie ambiance rétro-vintage sympa, avec bar en terrasse. Ouvert 7j / 7 jusqu'à minuit.

EN VILLE

Le Bistrot d'Audenge. 4 av. du Vieux-Bourg. 06 30 65 12 60. Brasserie et bar à tapas. Concerts en été.

Les Allées. 15 allée Ernest-Boissière. 05 57 70 13 73. Bar brasserie, cuisine familiale.

5 Biganos

Bienvenue à *Boïos*, étape incontournable sur le Bassin d'Arcachon, capitale de la région voilà plus de 2000 ans. Fiers de leur héritage et de leur culture, les habitants de l'actuelle Biganos s'appellent d'ailleurs les Boïennes et les Boïens. Le Cœur du Bassin que nous parcourons depuis Lanton s'achève ici, à Biganos (côté mer en tout cas puisque ce territoire s'étend en fait jusqu'à Marcheprime, qui faisait partie de Biganos jusqu'en 1946, et Mios un peu plus loin dans les terres).

L'histoire humaine de Biganos comme celle du reste du Bassin remonte à la préhistoire et aux débuts de la sédentarisation de notre espèce, mais elle a surtout été marquée par le peuple celte des Boïates/Boïens qui établit ici sa capitale et dont on retrouva des vestiges dans des chantiers de fouille archéologique sur la commune.

Port des Tuiles et île de Malprat

Pour vous rendre au port des Tuiles, votre GPS vous suggérera sans doute d'emprunter la rue de Comprian à la sortie d'Audenge. N'en faites rien, votre véhicule vous en sera reconnaissant : la rue devient rapidement très étroite, rendant les croisements difficiles. Continuez donc sur la route principale. Vous traverserez les hameaux de Bas-Vallon, du Tronc et de Vigneau, où un rond-point sur lequel paissent deux (fausses) vaches rappelle le passé agricole de la région.

Au feu tricolore (le seul de cette route), prenez à droite en direction du port des Tuiles, sur la rue de Tagon (du nom d'un ruisseau) qui après 500 m devient la rue du Prieuré de Comprian (en bon état) : c'est dans ce secteur que des moines s'étaient établis, probablement au VIIe ou VIIIe siècle, sur le chemin de Saint-Jacques de Compostelle, ce qui en fait le plus ancien site religieux du Bassin d'Arcachon. Le **prieuré de Comprian** devint même au début du XIIe siècle une seigneurie ecclé-

Les cabanes du port de Biganos.

siastique indépendante (une « sauveté », privilège accordé par le roi Louis VI) qui prospéra jusqu'au milieu du XVe siècle, devenant un véritable village avec ses maisons, son presbytère, son église, sa chapelle dédiée, la sépulture du premier captal (ou seigneur) de Buch… À la Révolution, le domaine fut vendu, les bâtiments du Moyen Âge démantelés et leurs précieuses pierres récupérées pour de nouvelles constructions. Seule subsiste une maison bâtie sur les vestiges du prieuré : vous la verrez sur votre gauche, 400 m avant d'arriver au port des Tuiles, et vous l'identifierez aisément à sa façade blanche à colombages verts encadrée de flancs et de dépendances en pierre. De l'autre côté de la rue se tient une très ancienne grange, à l'endroit où s'en dressait déjà une au Moyen Âge. Pour le reste, on peine à croire que les prairies et les forêts alentour grouillaient jadis d'habitations et d'activité humaine.

Autrefois port de Comprian, le **port des Tuiles** se trouve au bout de la rue. Il s'ouvre non pas sur le Bassin mais sur l'Eyre. Il fut ainsi rebaptisé à la fin du XIXe siècle car il servait au transport des tuiles fabriquées dans le village. À défaut de belles pierres, le sous-sol de Biganos recèle en effet de larges et profonds **gisements d'argile**, entre sable et alios, qui furent exploités dès l'Antiquité

Le port des Tuiles, à Biganos.

Galupes sur l'Eyre.

Aller sur l'île de Malprat

Des visites de l'île de Malprat sont organisées de mai à septembre : vous embarquerez à bord d'une galupe, une barque traditionnelle à fond plat, et rejoindrez le guide qui vous fera découvrir la faune ornithologique, les tortues cistudes, les loutres ou les visons et la flore étonnante de cet endroit hors du commun, faite de joncheraies, roselières et autres tamaris. Cette balade dépaysante offre un tout autre regard sur le Bassin d'Arcachon.

(poteries et briques de l'époque gallo-romaine furent retrouvées lors de fouilles archéologiques). Aux XIXe et XXe siècles, on en fit donc des tuiles, qui servirent moins à la couverture des maisons qu'aux **ostréiculteurs** qui s'en servaient de collecteurs de naissains d'huîtres après les avoir chaulées (blanchies à la chaux), mais aussi des briquettes qui furent utilisées pour les parements des belles villas arcachonnaises de la Ville d'Hiver, ainsi que pour la construction de maisons à Biganos même : il en subsiste quelques-unes sur la commune, parmi la cinquantaine de demeures inventoriées au titre « d'éléments bâtis remarquables ».
Vous trouverez au port des Tuiles une trentaine de **cabanes** serrées les unes contre les autres, ainsi qu'une étroite **darse** au bord de l'Eyre, occupée par des petites embarcations, des barques, parfois des pinasses. Le cadre est celui d'un petit port de pêcheurs typique du Bassin, vous ne trouverez ici ni cabane de dégustation ni buvette mais un paysage dont la beauté sauvage invite à la flânerie. Posez-vous, ne faites pas que passer « cinq minutes » en pensant *a priori* qu'il n'y a rien à voir, vous constaterez que le charme opère et laissera durablement son empreinte dans vos souvenirs.

De l'autre côté de la rivière se trouvent **l'île de Malprat**, la plus vaste du delta avec une superficie de 140 ha, et les quelques îlots qui l'entourent. Malprat signifie « mauvais pré » en gascon : on y emmenait autrefois les vaches que l'on faisait traverser à gué pour aller brouter les herbes des prés salés, et un puits artésien y fut foré pour alimenter les abreuvoirs.

Auparavant, comme ce fut le cas à Audenge, les prés salés avaient été endigués et transformés en bassins de saliculture, puis en réservoirs à poissons par Ernest Valeton de Boissière, alors propriétaire du domaine de Certes. Dix-neuf réservoirs furent alors créés, alimentés pour partie par les eaux salées du Bassin, et pour une autre partie par l'eau douce provenant des bras de l'Eyre qui cernent l'île (l'Eyre de Malprat et l'Eyre du Teich), le tout géré par un système hydraulique de onze écluses. L'île de Malprat appartient depuis 2002 au **Conservatoire du Littoral** qui lui a rendu sa vocation d'autrefois en mettant les prairies du site **à disposition d'un agriculteur** qui y fait paître son

Le port de Biganos.

bétail. La grange qui existait déjà a été restaurée, comme l'ancienne maison de l'éclusier qui sert aujourd'hui à un garde, qui fait aussi office de guide. Depuis le port des Tuiles, vous ne distinguerez pas grand-chose de l'île en raison du « paysage horizontal » des lieux et de la végétation qui la dissimule au regard. Autrefois accessible par un petit pont de bois qui, trop vétuste, a été condamné, on ne peut plus désormais y accéder qu'en barque, en réservant à l'office de tourisme.

Le port des artistes

Il existe un deuxième port à Biganos, beaucoup plus touristique et bigarré que le petit port des Tuiles. Pour y accéder, rejoignez le centre-ville et empruntez la rue du Port sur votre droite, en face de l'église **Saint-Gervais**. Achevée en 1866 (restaurée en 1987) dans le style néo-roman que vous connaissez bien désormais, l'église de Biganos est dédiée à saint Gervais, martyr chrétien du Ier siècle. Une première église lui fut consacrée ici même vers le VIe siècle. L'église actuelle a été construite sur ce site gallo-romain dont on a retrouvé quelques vestiges, et elle abrite des fonts baptismaux du IXe siècle provenant de la chapelle du prieuré de Comprian.

Direction le port à présent, en suivant la rue du même nom sur environ 2,5 km d'une route étroite. Garez-vous sur un des deux parkings à droite en arrivant, pour une visite à pied de ce **véritable petit village** dans la ville, composé d'une cinquantaine de cabanes. Niché au cœur de la forêt, creusé dans un bras de la Leyre qui forme ici un cul-de-sac, le petit port fluvial est le plus ancien des deux ports de Biganos : il pourrait même être, dit-on, le port originel de l'antique Boïos. Les cabanes étaient à l'origine de simples abris de pêcheurs et de résiniers (pas d'ostréiculture ici) et certaines sont de la fin du XIXe et du début du XXe siècles. Les couleurs actuelles datent des années 1990 seulement et leur confèrent un charme incomparable qui séduit tant les promeneurs que les artistes, peintres et photographes.

Le port de Biganos et ses cabanes bigarrées.

Ces cabanes au bord de l'eau ne dépendent pas du Domaine public maritime mais de la Régie des ports du domaine fluvial. Elles font l'objet d'Autorisations d'occupation temporaires (AOT) et il est interdit d'y habiter à l'année. Le site est protégé et classé, ce qui le préserve de toute nouvelle construction ou modification du bâti existant. Le statut particulier de ces « occupants temporaires » leur impose de laisser libre accès aux allées qui longent les cabanes, ils ne vous interdiront donc pas d'y déambuler ni de prendre des photos des façades. Un savoir-vivre élémentaire impose en retour d'être discret.

C'est également ici, un peu avant l'entrée du port, que vous pourrez louer un **canoë** chez Courant d'Eyre, et que vous embarquerez en **galupe** pour une balade sur la rivière ou une visite guidée de l'île de Malprat, avec un batelier qui mènera sa barque à fond plat exclusivement à la rame ou au palot (une longue perche) afin de préserver le milieu naturel. Vous pouvez voir ces galupes roses, posées au bord de l'eau, à droite du port.

Infos pratiques

Office de tourisme. OT Cœur du Bassin d'Arcachon, bureau de Biganos, 1 rue Jean-Zay. 05 57 70 67 56. L'OT propose des sorties sur réservation :

- **Balade grand large en galupe :** balade commentée dans le delta de la Leyre. Passage par le port des Tuiles, l'île de Malprat et ses îlots. Retour avec la marée. Durée 3 h 30, 35 €
- **Autour de l'île de Malprat :** l'île de Malprat en galupe, découverte pédestre avec un guide naturaliste. À partir de 12 ans, 24 €
- **Balade en galupe au crépuscule avec Lou Batel'Eyre :** balade commentée sur la Leyre, au crépuscule, durée 1 h 30, 29 €).
- **Promenade sur les rives de la Leyre :** balade de 5 km en forêt et sur le sentier de Saint-Jacques de Compostelle accompagnée par Jean, « raconteur de pays », 7,50 €, gratuit -12 ans).
- Pour les enfants dès 4 ans : **Aventure Nature** (balade ludique autour du port de Biganos, atelier autour de la faune et de la flore, 9,50 €).

MARCHÉ
Le dimanche matin de 8 h à 13 h, rue Jean-Zay, sur la grande place entre la Poste et la salle des fêtes, sous la halle couverte et en extérieur.

Visite du moulin de la Cassadotte – Caviar de France. Moulin de la Cassadotte. 05 56 82 64 42. 1 h à 1 h 30 de visite et d'histoire sur Caviar de France, dégustation de caviar (5 g) accompagné d'un verre de vin blanc. Tarif : 27 € (gratuit pour les enfants, hors dégustation).

Pierre, papier, caviar

Au fil des âges, Biganos a vécu de l'agriculture, de la pêche, des marais salants, puis piscicoles, et enfin de diverses industries qui firent passer la population de 600 habitants en 1800 à environ 11 500 en 2022. Des **tuileries** et **briqueteries** exploitaient ses filons d'argile ; des **forges** ses filons de fer contenu dans la « garluche », une pierre ferreuse de mauvaise qualité extraite de la couche d'alios ; des **scieries** ; une **verrerie** qui profitait d'un filon de bon sable blanc non loin de là ; des **moulins**, pour alimenter notamment les forges gourmandes en eau ; une **usine papetière**, etc.

De la verrerie il ne reste rien, vous pourrez toutefois en voir un vestige, la **maison Lecoq**, parfaitement restaurée, dans le parc du même nom. Sur 4 ha ont été plantées 26 essences d'arbres différentes (acacias, cèdres, plusieurs espèces de chênes et de pins, un tulipier de 1889...). Les bambins se réjouiront d'un espace de jeux aménagé pour eux, les ados pourront se dégourdir les jambes au skateparc et les amateurs d'art découvrir *L'Arbre à sons*, une sculpture sonore réalisée dans un séquoia par Mier, ou encore *Le Vieux Père*, une statue tout de jaune drapée de Laurent Kropf, installée en 2011 dans le cadre de « La forêt d'art contemporain », composée d'une vingtaine d'œuvres disséminées dans la forêt des Landes de Gascogne. La maison Lecoq porte le nom de sa dernière propriétaire, qui légua son domaine à la ville en 1975, mais elle fut auparavant celle d'un industriel bordelais qui implanta une verrerie en 1816 à cet endroit.

Les moulins, eux, ont disparu mais il en subsiste tout de même quelque chose. C'est en effet sur le site du **moulin de la Cassadotte**, construit sur le ruisseau de Lacanau, à la sortie de la ville en direction de Marcheprime, que s'est implantée la société Caviar de France qui produit ce délice depuis 1993. Une visite du domaine est possible : découverte de l'histoire de l'esturgeon et du caviar d'Aquitaine, des nombreux bassins d'élevage et des bâtiments abritant des outils et vestiges de l'ancien moulin.

Un deuxième moulin, celui de **Pont Neau**, se situait également à la sortie de Biganos sur la D3 en direction de Mios et de l'autoroute qui mène à Arcachon, dans le secteur appelé Facture (ou « Au facture », dérivé de « facteur »). Ce moulin, qui existait probablement déjà au XVIe siècle, fut utilisé au XIXe siècle pour la fabrication de papier à partir de déchets de chiffons et de cordages. L'industrie papetière de la ville se développa au XIXe siècle et donna naissance à une usine, dont vous détecterez olfactivement la présence (l'expérience est assez désagréable). Le site du moulin proprement dit est visible au bord de la route, sur la droite un peu avant l'aire de covoiturage de Biganos, au pied du panneau de sortie d'agglomération. N'en manquez pas la petite entrée si vous souhaitez voir quelques meules de l'époque abritées sous deux préaux. Le site n'est pas spectaculaire, mais il appartient à l'histoire industrieuse de la ville.

BALADES EN GALUPE

Lou Batel'Eyre. Port de Biganos. 06 42 24 80 97. Promenades sur la Leyre, balades insolites à l'aube ou au crépuscule, grand tour du delta... Plusieurs formules sont proposées (de 18 à 35 € adultes, 12 à 25 € enfants, de Pâques à la Toussaint), à bord d'une galupe, barque à fond plat pour 6 pers.

LOCATION DE CANOËS

Courant d'Eyre. 88 rue du Port. 06 85 49 72 53

Où manger ?

AU PORT

La Cabane aux volets bleus. Bar à huîtres, ouvert uniquement en juillet-août. 06 82 30 81 32

EN VILLE

Braise & Co. 174 bis av. de la Côte-d'Argent. 09 86 12 97 14. Cuisine au feu de bois.

Le Millésime. 30 av. de la Côte-d'Argent. 05 56 82 94 84. Cuisine maison dans un cadre original avec ses caisses de vin de Bordeaux.

Casa Dony. 53 av. des Boïens. 05 47 43 99 79. Cuisine française et italienne.

A Casa Corsa. 557 rue Joseph-Marie-Jacquard. 05 57 18 63 08. Cuisine corse, restaurant et épicerie.

La Cantina di Don Camillo. 5 rue Louis-Nicolas-Robert (dans la zone commerciale). 05 57 17 83 20.

6 Le Teich

Nous quittons le territoire du Cœur du Bassin pour entrer au Teich, porte du Sud-Bassin. Nous sommes encore ici en plein delta de la Leyre, paradis des oiseaux. C'est d'ailleurs sur cette petite commune qu'est implantée l'une des plus belles réserves ornithologiques de France.

Lamothe

En arrivant de Biganos, une première halte est possible, pour les amateurs de balade en canoë ou de marche en forêt, au **lieu-dit Lamothe**, là où les Boïates avaient construit le château de leur capitale Boïos.

- 50 m après le pont qui enjambe la Leyre, sur la gauche, le **Canoë-Kayak Club du Teich** propose de louer des canoës **pour descendre la Leyre**, avec ou sans accompagnateur. Autre possibilité pour pousser l'expérience un peu plus loin, **Amazone Canoë** (300 m après le pont de l'Eyre, av. de Lamothe, puis allée de la fontaine Saint-Jean) propose un **parcours d'une demi-journée** ou d'une journée entière, avec ou sans guide, ainsi que des sorties en **kayak de mer** pour un tour du delta de la Leyre, une randonnée au banc d'Arguin ou à l'île aux Oiseaux.

- Halte recommandée au **Relais Nature du Delta de la Leyre** (entrée sur la droite, face à l'av. de Lamothe), où vous trouverez tous les renseignements utiles sur l'histoire du pays, sa faune, sa flore, sur la « petite Amazone », les balades en forêt.

Vous pourrez faire **des balades** à partir d'ici en compagnie d'un guide, particulièrement utile pour partir, notamment, à la recherche de la **fontaine Saint-Jean**, cachée dans les bois à l'abri des regards. La fontaine Saint-

L'entrée du Parc ornithologique.

BON À SAVOIR

Vous trouverez aussi l'espace **Canoë sur Leyre**, qui recense tous les partenaires de la région pour vos sorties au fil de l'eau et qui en est le point de ralliement ou de départ.

Jean fut probablement érigée en 1606, mais on distingue les dates de 1645 et 1650 gravées sur sa petite niche qui abrita, jusqu'en 1772, une statuette de saint Jean, saint patron de Lamothe. Placée sur le chemin de Compostelle, elle fut, du Moyen Âge jusqu'au XXe siècle, l'objet d'un culte lié aux vertus de son eau censée guérir les maladies de peau et les rhumatismes. Jusqu'au début des années 1920, des pèlerins qui se rendaient à Lourdes faisaient étape ici par trains entiers, s'arrêtant à la gare de Lamothe (qui n'existe plus). La source s'est tarie depuis et il ne reste que le petit monument de la fontaine. Le trouver n'est pas simple (il faut notamment traverser la voie ferrée toute proche). Non loin, le hameau de Lamothe et ses maisons à colombages.

Le centre du Teich

Direction le centre-ville du Teich, à 2,5 km : parfaitement mise en valeur, vous ne pouvez manquer la haute **église Saint-André**. Une statue de saint André orne sa façade. L'actuelle église a été construite en 1924 dans le style néo-roman. Elle n'est pas en pierre mais en béton, à l'exception du clocher pour lequel on a réutilisé des pierres du précédent édifice (un morceau de fresque de l'époque est d'ailleurs visible). Clocher accessible lors des Journées du patrimoine. Les cloches datent de la toute première église, la plus grosse ayant toutefois été refondue car fissurée.

Port et domaine de Fleury

À 50 m de l'église, prenez la rue du Port à droite au petit rond-point. 800 m plus loin, vous arrivez au cœur du Pôle nature du Teich : sur la droite, le **petit port de plaisance** sur le bras de l'Eyre jouxte un **bassin de baignade** aménagé ou encore l'accès aux **Plaines du Teich-Domaine Fleury**. Sur la gauche se trouve le site géré par le Parc naturel régional des Landes de Gascogne, regroupant la Réserve ornithologique du Teich et la Maison de la nature.
Onze ha environ s'étendent depuis le centre du bourg jusqu'à cet espace naturel, et ils sont depuis mi-2019 en pleine réhabilitation. L'objectif de la municipalité est de renforcer

la vocation écotouristique du Teich, en aménageant une transition douce entre secteur urbain et zone naturelle.

À proximité du port et du bassin de baignade, sur ce qui constitue désormais le parc public de la ville, des arbustes ont été plantés, qui produiront en grandissant une ombre et une fraîcheur devenues indispensables, des espaces de pique-nique et aires de jeux ont été installés. Une halle couverte de 600 m² (entièrement réalisée en pin des Landes) abrite des festivités ainsi qu'un marché mensuel écoresponsable, zéro déchet. Une nouvelle passerelle et un « pont de singe » ont été posés sur le bras de l'Eyre afin de permettre l'accès à pied aux boucles de randonnée du delta de la Leyre. L'espace autour du bassin de baignade a aussi été entièrement revu en 2022, avec platelages et banquettes, ainsi qu'un muret de 140 m de long faisant office de banc. **L'espace de baignade** proprement dit (surveillé de fin juin à fin août) a également fait peau neuve, avec une plage agrandie de 8 000 m² et l'installation d'une douche et de deux vestiaires pour pouvoir se changer en toute discrétion. Enfin, en 2023, un belvédère en bois pouvant accueillir une vingtaine de personnes a été élevé afin de dominer et d'observer **à 360° le delta de la Leyre et les environs** (l'île de Malprat, le domaine de Fleury et la réserve ornithologique notamment).

À terme, il sera possible de relier le centre-ville au port et au parc public à pied, à vélo ou avec une poussette, par des platelages. Il est aussi prévu que le port reçoive de nouveaux quais pour accueillir les bateaux traditionnels du Bassin d'Arcachon. Des nouvelles cabanes ostréicoles remplaceront celles qui ont été détruites au début des années 1980 afin de rendre au port sa vocation d'autrefois et renouer avec l'histoire locale.

Vous pouvez depuis le port partir sur un sentier facile (5 km, 2 h) à la découverte du **domaine de Fleury**, accessible gratuitement. Une excellente occasion de découvrir les anciennes salines transformées en réservoirs à poissons, les écluses toujours en fonction, mais aussi de longer l'Eyrotte, un des bras de la Leyre, d'observer des oiseaux migrateurs, ainsi que les troupeaux de vaches bazadaises et de blondes d'Aquitaine sur la partie nord du domaine (à mi-chemin du parcours), appelée **domaine des Quatre Paysans**. Dans les années 1830, quatre paysans du Teich obtinrent l'autorisation d'aménager là 30 ha de prés salés pour faire paître leurs moutons.

Pour accéder au domaine de Fleury, longez le bassin de baignade sur la droite pour rejoindre la rue du Pont-Neuf, franchissez le pont métallique qui enjambe le bras de l'Eyre et suivez le chemin sur 100 m : un panneau du Conservatoire du Littoral indique l'entrée du domaine, sur votre gauche. Vous n'avez plus alors qu'à suivre le sentier balisé (aucun risque de se perdre). Quelques parties boisées apportent ombre et fraîcheur, n'oubliez pas cependant de vous munir d'eau et de protections contre le soleil (chapeau, casquette, crème solaire).

BON À SAVOIR

Sur le port, la cabane **Écoplaisance du Delta** loue des bateaux électriques sans permis ou des stand-up paddle pour découvrir cette partie du bras de Leyre qui serpente entre la Réserve ornithologique et les plaines du Teich.

Le port du Teich et le pont de singe du parc public.

La Réserve ornithologique

Comme nous l'avons vu, les marais salants endigués puis les réservoirs à poissons ont été exploités jusqu'aux années 1960, puis abandonnés. C'est à cette époque qu'un groupe d'ornithologues proposa à la ville du Teich un projet de parc ornithologique, arguant du fait que le Bassin d'Arcachon, placé sur la route migratoire de nombreuses espèces, manquait de secteurs protégés sur ses rives pour les accueillir. La municipalité se porta acquéreur de ces terres humides et le « parc ornithologique » ouvrit ses portes au public en 1972.

En 1989, la ville du Teich en confia la cogestion au **Parc naturel régional des Landes de Gascogne**, qui en fit un espace exceptionnel par la richesse et la diversité des espèces qui ont pris (ou repris) l'habitude d'y faire halte dans leur migration ou d'y hiverner.

Des dizaines de milliers d'oiseaux s'arrêtent sur les 110 ha du site, pour quelques heures, quelques jours ou quelques semaines. Ce spectacle attire environ 80 000 visiteurs par an. La réserve est accessible au public tous les jours (sauf le 25 décembre).

324 espèces différentes ont été recensées en près d'un demi-siècle. Les observations permettent d'en identifier régulièrement de nouvelles, ou de détecter la présence d'oiseaux très rares (flamant rose, élanion blanc, glaréole à collier, sterne élégante ou coucou geai par exemple en 2019). 88 d'entre elles nichent, ou ont niché dans la réserve et sont donc présentes une partie de l'année, telle la **cigogne blanche** qui arrive fin janvier et repart fin août. Pour les observer, privilégiez la marée haute qui amène avec elle nombre d'oiseaux.

Le parcours de la réserve forme une boucle de **6 km** d'un sentier parfaitement praticable, jalonné de **20 cabanes d'observation** fermées, stratégiquement disposées (une tous

Bon à savoir

Un raccourci est possible sur le parcours, qui passe alors de 6 km à 2,5 km, utile quand on a des enfants en bas âge ou pour les personnes qui se déplacent avec difficulté. Un itinéraire adapté aux personnes à mobilité réduite est proposé afin de leur éviter les trop fortes pentes ou les escaliers. Des toilettes avec point d'eau potable sont présentes à l'entrée et au premier tiers du parcours. Les animaux domestiques sont interdits sur toute la réserve, même tenus en laisse.

les 300 m environ). Quatre d'entre elles sont surélevées et offrent un point de vue privilégié sur les oiseaux (prisé par les photographes), mais aussi sur les paysages alentour répartis en trois types : lagunes, marais et parties boisées (l'eau recouvre les trois quarts du site). De nombreux panneaux d'information disposés tout au long du parcours permettent en outre de mieux comprendre l'environnement observé. En 2022, pour les 50 ans de la réserve, ce parcours a été refait et de nouveaux affûts ont été conçus, de même qu'un parcours ludique pour les plus jeunes.

Nid de cigognes.

Prévoyez **3 à 4 h** de visite si vous souhaitez faire le tour complet de la réserve en prenant le temps d'observer les oiseaux. Et bien sûr, ce n'est pas un parc d'attractions ni un zoo : tous les animaux que vous verrez sont sauvages et la réserve est reconnue au plan international pour contribuer à la protection et à la préservation d'espèces rares et/ou menacées (y compris de mammifères comme la loutre ou le vison d'Europe). **Chacun veillera donc à respecter les lieux**, en prenant garde d'être le plus silencieux et discret possible pour ne gêner ni les oiseaux ni les autres visiteurs.

Les guides naturalistes de la réserve et de la Maison de la nature proposent tout au long de l'année des **visites guidées**, des stages d'initiation à la photographie animalière, des conférences, des animations crépusculaires ou, depuis 2019, des sorties de 4 h : 2 h à pied et 2 h en canoë de 10 places.

Infos pratiques

Office de tourisme. Place Pierre-Dubernet. 05 56 22 80 46.

Marché. Tous les samedis de 7 h 30 à 13 h 30, place du Souvenir.

Réserve ornithologique du Teich et Maison de la Nature. Rue du Port. 05 24 73 37 33. Ouvert tous les jours sauf le 25 déc., à partir de 10 h, jusque 20 h en juillet-août (18 h ou 19 h pour les autres périodes). Tarifs : 9,70 € (adulte) ; 7,50 € (à partir de 5 ans) ; 8,70 € et 6,90 € pour les groupes et Cartes Famille. La **Maison de la nature** est un centre à vocation pédagogique avec hébergement, brasserie, « boutique de l'oiseau ».

Relais nature du delta de la Leyre. Avenue de la Côte-d'Argent. Pour organiser vos balades en forêt, découvrir la fontaine Saint-Jean avec un guide, etc.

Caviar Perlita. L'Esturgeonnière, Route de Mios-Balanos. 05 56 22 69 50. Visite du site de production, histoire de L'Esturgeonnière et techniques d'élevage des esturgeons. Dégustation comprise. Durée 1 h 30 env. De mars à sept. sur RV uniquement. Tarif : 30 €/pers., gratuit jusque 8 ans (4 pers. minimum, 15 au maximum).

CANOËS, VÉLOS, CHEVAL

Villetorte Loisirs. 30, rue du Pont-Neuf. 05 56 22 66 80 (de 9 h à 18 h). Descente de la Leyre en canoë (à partir de 16 € la demi-journée), location de vélos (à partir de 10 € la demi-journée), balades à cheval (sur réservation).

Le château de Ruat.

Le château de Ruat

À la sortie du bourg, le charmant château de Ruat se dresse sur votre droite moins de 500 m après le petit rond-point de la rue du Port. Il n'est malheureusement pas possible de se garer à cet endroit et il n'y a pas de trottoir qui vous permettrait de le rejoindre en toute sécurité, mais de toute façon ce château privé n'est pas ouvert au public en dehors des Journées du patrimoine. Dommage, car il a été magnifiquement restauré par son actuel propriétaire et sa famille qui le possèdent depuis 1846. Il a reçu en 2018 le Prix du patrimoine de l'Académie du Bassin pour la qualité de cette restauration. Dans un joli parc, encadré par des « communs » eux aussi restaurés, la demeure présente une façade élevée vers l'an 1300, bordée de deux tours ajoutées après la Révolution et enjolivée dans la deuxième moitié du XIXe siècle après son rachat par la famille actuelle. Il fut le château d'apparat des captaux de Buch. Un portrait du 19e et dernier captal de Buch, François-Alain-Amanieu de Ruat, fut offert au propriétaire des lieux lors de la remise du Prix du patrimoine, et orne désormais un mur du château qui lui appartenait.

Canoë-Kayak Club du Teich. 1 av. de la Côte-d'Argent. 06 78 97 73 62. Parcours court, 1 h 30-2 h, Mios-Le Teich : 13 € (adulte), 11 € (enfant). Parcours long, de 4 à 6 h, Salles-Le Teich : 18 € et 16 € euros.

Amazone Canoë. 17 allée de la Fontaine-Saint-Jean. 06 72 76 34 58. Parcours « Détente », « Découverte » ou « Aventure », de 2 h-2 h 30 à la journée entière, en location libre ou en randonnée encadrée, de 17 € à 36 € selon le parcours, sur la Leyre ou le canal des Landes.

Écoplaisance du Delta. Port du Teich. 07 87 51 89 50. Location de stand-up paddle et de bateaux électriques sans permis (7 places) à partir de 65 € pour 1h.

Où manger ?

Brasserie du Delta. Rue du Port. 05 24 73 37 33. La brasserie de la Réserve ornithologique, idéale pour reprendre des forces après la visite. Menu du jour, restauration « sur le pouce » et cadre agréable.

L'Ardoise. 7 rue Copernic, zone Technoparc. 05 56 54 15 25. Cuisine traditionnelle française, produits en circuit court. De nombreux adeptes.

L'Amour fou. 10 rue des Castaings. 05 56 83 17 22. Cuisine française maison, bio, locale et de saison.

7

Gujan-Mestras

Capitale ostréicole historique du Bassin d'Arcachon, Gujan-Mestras abrite rien moins que sept ports, du plus intime au plus industrieux, creusés au bord d'herbiers et de prés salés que longe le sentier du littoral.

Après avoir vécu de l'agriculture, de la sylviculture et du gemmage, de la pêche à la sardine et de la vigne, les Gujanais se sont résolument tournés vers la mer. En témoignent les **sept ports** qui jalonnent sa façade maritime longue de 7 km. Berceau de l'ostréiculture sur le Bassin d'Arcachon, Gujan-Mestras est également celui de la navigation de pêche et de loisir : ici naquit le premier moteur « marin » qui propulsa les pinasses dès 1905, mis au point par **Albert Couach** dont le chantier naval existe toujours (aujourd'hui l'un des principaux constructeurs français de yachts). D'autres fabriquent des « tilloles » depuis plus de deux siècles, tel le chantier **Dubourdieu**, une institution ici, alors que la relève est assurée par de nouveaux charpentiers comme **Debord et Charmet** qui perpétuent la tradition depuis le milieu des années 2000.

Les sept ports

En arrivant du Teich, l'allée du Haurat vous mènera juste en face du **port de la Mole**, le premier des sept de Gujan, le plus petit et sans doute le plus charmant d'entre tous. Aucune activité ostréicole n'est pratiquée ici mais cinq cabanes bordent des réservoirs à poissons dont les eaux calmes ajoutent à la quiétude des prés salés et de leurs paysages sauvages. Autrefois existait ici un moulin à eau dont il ne reste rien mais qui a donné son nom à l'endroit, *mole* signifiant « meule » en gascon.

À 500 m du port de la Mole, tournez à droite et contournez le lycée de la Mer pour vous arrêter au **port de la Barbotière**. Autrefois port de Mestras, il est le plus ancien (il a été créé au XVIIIe siècle), mais aussi l'un des plus actifs et n'a guère de vocation touristique. Cela n'a pas toujours été le cas : dans les années 1920-1930 existait ici une guinguette où l'on

Dégustation d'huîtres au port de Larros.

BON À SAVOIR

Depuis la Mole il est possible de relier les sept ports de Gujan par le **sentier du littoral, à pied ou à vélo**. Une partie longe la route et la voie ferrée : pas forcément très plaisant, et le trajet totalise tout de même 8 km… Il nous semble plus agréable de rejoindre le sentier du littoral à mi-parcours environ, au port de Gujan, pour une promenade de 3,5 km qui vous conduira à la jolie plage et au port de la Hume en longeant presque exclusivement le bord de mer.

se rendait pour danser et prendre des bains de mer. L'établissement, La Barbotière, a donné son nom au port (sans que l'on sache s'il fait référence au fait que l'on pouvait y « barboter » ou s'il est dérivé du surnom des Gujanais, les « Barbots »). Aujourd'hui, on trouve des chais de triage d'huîtres et autres hangars d'agriculteurs de la mer. La première darse sur votre gauche est la plus agréable à regarder, mais vous pouvez aussi vous rendre au bout de l'une des trois allées du port d'où vous aurez une vue ouverte à 180° sur le Bassin.

Moins de 200 m plus loin (vous pouvez vous y rendre à pied) se trouve le **port du Canal**, tout aussi actif mais plus accueillant pour le visiteur. Un premier canal large de seulement 10 m fut creusé dans les années 1850 et le nom est resté depuis. Il est aujourd'hui composé de trois darses et bordé d'anciennes cabanes typiques et pittoresques qui en côtoient de plus récentes.

Il est possible de déguster les huîtres « à la cabane », Chez David, au bout de la ruelle de droite (avant la première darse) ou sur la terrasse de La Cabane à Ludo, à l'entrée de la dernière ruelle (après la troisième darse).

Le port de Larros.

À l'extrémité de chacune de ces ruelles se trouve une petite plage sauvage, étroite langue de sable ourlée d'herbiers avec, comme à la Barbotière, une vue à 180° sur le Bassin et les prés salés.
En face du port commence le chantier naval Couach dont les nombreux bâtiments s'étendent jusqu'au port suivant.
Le quatrième des sept ports de notre itinéraire est un morceau de choix pour le visiteur. À 300 m du port du Canal commence le **port de Larros**, incontestablement le plus touristique des sept avec sa petite dizaine de cabanes de dégustation, colorées et adorablement décorées sur les quais, sa longue jetée surplombant une petite plage de sable blanc, et ses pinasses, voiliers ou bacs à voile.

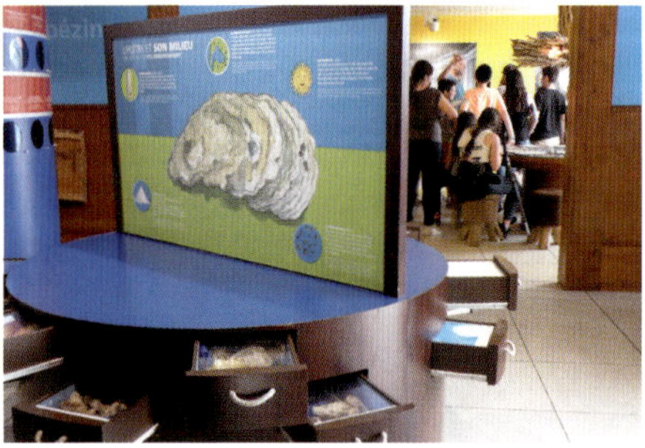

La Maison de l'Huître. Photo Maison de l'Huître.

C'est ici que se trouve l'incontournable **Maison de l'Huître** : au fil des différentes salles et des espaces extérieurs (en visite libre ou guidée) vous seront contées l'histoire de l'huître, de sa consommation à travers les âges, des différentes espèces de par le monde, mais aussi celle des pinasses, des parqueurs, de leurs outils, de l'influence des marées… Vous pourrez également y regarder un film ou y louer un audio-guide pour visiter le port, voire, pour les groupes, vous faire accompagner d'un guide.

La Maison de l'Huître se trouve à proximité d'une ancienne tour, vestige d'un moulin à vent construit là en 1808, bien avant le port de Larros qui le fut entre 1883 et 1884.
De là, vous ne manquerez pas de longer le quai, ses cabanes et terrasses de dégustation, ainsi que la digue. Au bout de la « jetée du Christ », une croix veille sur les marins depuis 1891. Un escalier de bois à l'entrée de la jetée permet de descendre sur la petite plage qui offre une vue d'ensemble sur le port suivant.
Le **port de Gujan** fait face à celui de Larros (les deux ont été creusés en même temps, en 1883) mais à la différence du précédent, celui-ci a gardé une vocation strictement professionnelle. Vous y trouverez des ostréi-

BON À SAVOIR

Tous les jeudis en juillet-août, le port de Larros est le cadre de soirées festives : concerts (jazz, blues, rythm'n blues, chanson française…), spectacles ou cinéma en plein air, plusieurs représentations rythment chacun de ces « Jeudis de Larros ». Gratuit.

La cabane du Routioutiou.

culteurs au travail, des chais de triage et des empilements de tuiles chaulées. Toujours très actif, il fut longtemps un port sardinier et plusieurs conserveries y étaient implantées.

Les amateurs de balades rejoindront ici le **sentier du littoral** qui les mènera aux deux derniers ports de Gujan en longeant le bord de mer. Pour accéder au sentier, empruntez la rue Pierre-Daney sur sa partie gauche quand vous vous trouvez au pied de la darse, le chemin démarre une cinquantaine de mètres plus loin sur la gauche.

En longeant le Bassin et ses herbiers sur un peu moins de 2 km, vous arriverez au **port de Meyran**, ses chais, ses tuiles chaulées et ses bassins dégorgeoirs. Pour rejoindre le port ouest, prenez à gauche en sortant du sentier du littoral puis le bd Pierre-Dignac qui longe la voie ferrée. 400 m plus loin, tournez à droite sur l'allée des Prés-Salés jusqu'à une fourche au pied de la darse.

Envie d'une pause ? Prenez à droite sur la rue du Port : vous trouverez au bout de celle-ci la **Cabane des Jaud** dont la terrasse donne directement sur les prés salés et offre un cadre parfait pour déguster huîtres et fruits de mer (à toute heure) en profitant d'un paysage authentique.

Infos pratiques

Office de tourisme. 37 av. de-Lattre-de-Tassigny, la Hume. 05 56 66 12 65. L'OT propose des sorties sur réservation :

- **Les mystères du sentier du littoral.** Ports ostréicoles, prés salés, vasière… 4,50 € (adultes), 3 € (de 5 à 11 ans), gratuit - 5 ans.
- **Trésors de l'estran à marée basse.** À marée basse, dans l'espace entre terre et mer que l'on appelle l'estran. 5,50 € (11 ans et +), 4 € (de 5 à 11 ans), gratuit - 5 ans.
- **L'histoire du Mur de l'Atlantique**. Visite du blockhaus, parc de la Chêneraie, par un guide de l'association Gramasa. Tous les mercredis en juillet-août. 1 h 15, 5 € (adulte), 2,50 € (- 10 ans).
- **Si la Hume m'était contée.** Découverte des lieux et personnages de la Hume depuis 1927. 1 h 30. Rendez-vous à la gare de la Hume. 5 € (adulte), 2,50 € (- 10 ans), gratuit - 3 ans.
- **Gujan-Mestras insolite.** Coins cachés ou lieux qui gardent tout leur mystèren. Mercredi et jeudi, d'avril à novembre. 1 h 30. Rendez-vous au port de Gujan. 5 € (adulte), 2,50 € (- 10 ans), gratuit - 3 ans.
- **Balade en kayak de mer.** Au départ du port de La Hume et accompagné d'un moniteur diplômé d'État. Tous les jeudis de juin à septembre. Horaires selon la marée. 28 € (adulte), 14 € (enfants de 8 à 12 ans sachant nager).

MARCHÉS

Mercredi matin, place de la Gare.
Samedi matin, place de la Claire.
En nocturne les vendredis de juillet-août, 18-22 h, place de la Claire. **>>>**

Le lac de la Magdeleine.

Sinon, restez à gauche à la fourche pour rejoindre le sentier du littoral qui reprend à quelques mètres de là, au pied du chantier naval Debord et Charmet.
Un dernier effort d'1 km en longeant prés salés et herbiers, et vous arrivez à la charmante **plage de la Hume**, son sable fin et sa petite dune. L'endroit est vraiment très agréable, à marée haute pour s'y rafraîchir les chevilles plus que pour s'y baigner en raison de la vase, ou à marée basse pour profiter d'un paysage typique. La plage est surveillée en été, et une rangée de beaux tamaris enveloppe les bancs de leur ombre. Une **buvette** est présente après la courbe que dessine ici la plage qui se prolonge un peu plus loin vers le port. Un nouveau restaurant de plage, **Limón**, s'est ouvert au printemps 2023 à la place de *Chez Maman*, en bord de plage, avec une jolie terrasse avec vue sur le Bassin.
Si vous rejoignez la Hume par la route, vous accéderez directement aux tamaris bordant la plage en empruntant l'av. de la Plage et en continuant sur l'allée de l'Infante, ainsi nommée parce que la princesse Marie-Eulalie de Bourbon, sœur du roi Alphonse XII d'Espagne, résida ici à plusieurs reprises entre 1915 et 1932, à la villa *Sans-Souci* (aujourd'hui un centre aéré, au n° 2). Parking au bout de l'allée.
Autre possibilité, vous pouvez continuer sur l'av. de la Plage plutôt que d'emprunter l'allée de l'Infante : vous trouverez un autre petit parking un peu plus loin sur la droite, ou

Le port de la Hume.

>>> PESCATOURISME
• OSTRÉICULTEURS. 45 €, demi-tarif pour les 8-12 ans, tarif famille (2 adultes, 2 enfants : 130 €). 3 à 6 h. **Yann et Antoine Duvignac.** Port de la Barbotière. 06 66 05 64 47. **Sébastien Condom.** Port de la Hume, port de Meyran. 06 14 38 93 26. **Sébastien Dufau.** Port de La Hume. 06 98 03 20 29. **Olivier Laban.** Port de Meyran. 05 56 66 05 81. **Philippe d'Hartoy.** Port de Larros. 06 29 43 38 83. **Eric Pagès.** Port de Larros. 06 86 86 12 60. **Jean-Gabriel Binois.** Port du Canal. 06 99 48 82 84. **Christophe et Céline Dufau.** Port de la Barbotière Ouest. 06 30 56 36 11, 06 08 89 35 14.
• PÊCHEURS. 45 €, demi-tarif pour les 8-12 ans. 4 h minimum. **Jean-Marie Briau**, port ostréicole. 06 30 72 79 96. **Anthony Lambilliotte**, port ostréicole. 06 74 09 81 22.

MAISON DE L'HUÎTRE
Port de Larros. Ouvert tlj en juillet-août (fermé dimanche hors saison). 6,20 € (adulte), 4,10 € (enfants 5-14 ans). 05 56 66 23 71.

Visite guidée du port de Larros. Adultes (à partir de 15 ans) 5 €, enfants (5 à 14 ans) 4 €. 05 56 66 23 71, 05 56 66 12 65.

LES JEUDIS DE LARROS
Chaque jeudi de juillet-août, port de Larros. Concerts, spectacles, cinéma en plein air. Accès gratuit. Service culturel : 05 57 52 59 31.

SARDINADE ET BAL POPULAIRE
Début juillet et début août, port de la Hume. Réservation. Tarif : 16 €. 06 45 19 93 99.

BON À SAVOIR

Pour les enfants, le mini-port Pirate, au bord du **lac de la Magdeleine**, propose une chasse au trésor sur l'eau, dans des petits bateaux insubmersibles prévus pour trois « moussaillons » et manœuvrés par un capitaine adulte, avec gaufres, glaces et boissons à l'arrivée dans la Taverne Pirate.

vous pourrez poursuivre sur les quais du **port de la Hume** pour vous garer. Ce septième et dernier port de Gujan fut longtemps un petit port de pêche avant de devenir un port ostréicole, dont une bonne part fut transformée en marina en 1985. Aujourd'hui bordés de cabanes récentes ou rénovées, ses quais accueillent de sympathiques restaurants de poissons et fruits de mer. Un petit phare factice signale un « point de vue » sur le Bassin, qui reçoit ici les eaux du canal des Landes. On peut faire la fête au port de la Hume, lors des sardinades et bals populaires de l'été *(en juillet et en août, voir Infos pratiques).*

Canal, étang, parcs de loisirs

Creusé en 1838, le **canal des Landes** déverse le surplus d'eau douce de l'étang de Cazaux-Sanguinet. Ses berges forment le **parc de la Chêneraie**, cadre d'une très belle balade de 2 km au bord de l'eau, à l'ombre des arbres et d'une végétation particulièrement rafraîchissante en été.

Le parc de la Chêneraie est à 2 minutes à pied du port de la Hume (en traversant la voie ferrée accessible par l'allée Roger-Delugin). On peut aussi y accéder par la route D650 en direction d'Arcachon : l'entrée du parc se trouve juste après la gare. Aire de jeux pour enfants et tables de pique-nique. Un blockhaus du Mur de l'Atlantique, entièrement rénové et abritant une casemate de forteresse pour canon antichar (unique en France dans cet état), se situe au début du parcours. Réservation à l'office du tourisme.

Autre lieu de promenade apprécié, le **lac de la Magdeleine**, au bord de la voie rapide menant à Arcachon, est prisé des familles, des pêcheurs et des joggeurs. Il est également le lieu des festivités annuelles « Gujan-Mestras en fêtes » *(voir Infos pratiques).*

GUJAN-MESTRAS EN FÊTES

Lac de la Magdeleine. Mi-août : bandas, spectacles, fête foraine, restaurant géant de 2 500 couverts. Couleurs à arborer : noir et blanc. Accès gratuit.

ZONE DE LOISIRS. Route des Lacs : la Coccinelle, Aqualand, Bassin Aventures (accrobranches), etc.

GOLF

Golf Bluegreen Gujan-Mestras. Route de Sanguinet. 9 ou 18 trous, practice, putting green, pitch and putt, proshop, restaurant. 05 57 52 73 73

Où manger ?

AU PORT DE LARROS

Dégustation by Cayouckette. 5 esplanade des Ostréiculteurs. 06 86 86 12 60. Dégustation et vente au détail d'huîtres.

NicoLéa. Esplanade des Ostréiculteurs. Huîtres, fruits de mer, pâté et vin. 06 16 91 66 81.

Les Petites Folies. Cabane 53, esplanade des Ostréiculteurs. 05 56 83 45 78. Huîtres et fruits de mer, jolie petite terrasse, équipe sympa.

La Baraque à Huîtres. 117 espl. des Ostréiculteurs. 05 57 15 12 07, 06 73 37 06 00. Deux belles terrasses et une salle. Plusieurs formules de dégustation d'huîtres.

Le Routioutiou. 154 espl. des Ostréiculteurs. 05 56 66 97 40. Deux belles terrasses et une salle, dégustation d'huîtres, vente au détail.

Chez Mimi. 247 espl. des Ostréiculteurs. 06 86 31 32 15. Dégustation à la cabane et apéro huîtres sympa. >>>

Le parc de la Chêneraie et le lac de la Magdeleine.

À proximité du lac a également été implanté le vaste **parc de loisirs de la Hume**, qui regroupe un grand nombre d'attractions pour petits et grands : casino, boîte de nuit, mais aussi bowling, parcours d'accrobranches, Kid Parc... et les deux attractions historiques du parc, **Aqualand**, le plus grand parc aquatique de la côte Atlantique avec ses toboggans géants qui plongent les visiteurs dans une eau chauffée (une zone est adaptée aux plus petits), et **la Coccinelle**, un parc animalier et d'attraction, avec une mini-ferme que les enfants adorent car ils peuvent enjamber des clôtures pour aller caresser lapins, poussins, cochons d'Inde, agneaux, chevreaux...

Barbots et coccinelle

La coccinelle se dit *barbot* en gascon (prononcez « *barbott* »). Mais *barbot* désigne tous les coléoptères, y compris le peu sympathique eumolpe bleu qui s'attaque aux vignes, lesquelles furent pendant longtemps (et jusqu'au début du XXe siècle) une culture essentielle à Gujan. *Lou barbots* est devenu le surnom donné aux Gujanais, sobriquet dont ils sont suffisamment fiers pour avoir adopté pour symbole une coccinelle (avec sept points noirs, un pour chaque port de la ville) que vous verrez un peu partout ici.
Deux histoires se disputent l'origine de ce surnom et de ce symbole. La première, la plus répandue, part d'une moquerie des habitants voisins de La Teste née des ravages causés à la vigne par l'eumolpe bleu. Peu

>>> Huîtres Papillon. Rue du Port-de-Larros. 06 30 46 58 77. De l'autre côté de la darse, dégustation et vente au détail, terrasse en partie couverte.

La Cabane 301. Place du Pointon. 06 75 01 18 30. Dégustation et vente au détail, terrasse dans le ton.

Les Pavois. 113 rue du Port-de-Larros. 05 56 66 38 71. Ponton-terrasse sur l'eau, spécialités de fruits de mer.

La Marine. 91 rue du Port-de-Larros. 05 56 66 40 00. Ambiance bistrot, spécialités de fruits de mer, terrasse avec vue sur l'eau.

Les Viviers. rue du Port-de-Larros. 05 56 66 01 04. Restaurant cosy, cuisine régionale, spécialités de fruits de mer et de poissons, belle terrasse.

L'Escalumade. 8 bd Pierre-Dignac. 05 56 66 02 30. Cuisine française et spécialités du Sud-Ouest.

L'Effet mer. Dégustation d'huîtres en face du Christ au bout de la jetée. Uniquement en terrasse. 06 67 74 09 63

Cap Noroît. 14 port de Larros. 05 56 66 04 15. Vente-dégustation d'huîtres, face au port de Larros.

AU PORT DU CANAL

Chez David. Port du Canal est. 06 88 03 90 35. Dégustation à la cabane authentique et simple, au calme et au bord du Bassin.

La cabane à Ludo. Port du Canal ouest. 05 56 66 06 03. Cabane traditionnelle et authentique à l'entrée du port ouest au pied de la darse.

Le port du Canal.

charitables, les Testerins raillèrent les infortunés Gujanais en les qualifiant de *barbots*, en référence à l'affreux parasite, mais les Gujanais les prirent à contrepied en arborant un *barbot* bien plus sympathique, la coccinelle, sur le maillot de leur équipe de rugby à l'occasion d'un match contre La Teste en 1921. Nul ne se souvient du score de ce match, mais la farce dut suffisamment amuser les Gujanais pour qu'ils affichent depuis la bête à bon Dieu partout. Une autre source plus confidentielle fait état d'une invasion de pucerons qui détruisit la vigne au début du xxe siècle, accompagnée d'une nuée de coccinelles. Les Gujanais auraient d'abord pensé que ces dernières étaient à l'origine de leurs malheurs, avant de comprendre que la bête à bon Dieu se nourrissait en fait des pucerons ravageurs et leur venait en aide.

La coccinelle, symbole de Gujan-Mestras, est présente partout.

AU PORT DE MEYRAN

La cabane des Jaud. Port de Meyran ouest. 06 62 35 42 66. Terrasse au bord des prés salés, tuiles chaulées, décor rustique, accueil sympa.

Chez Bidart. Port de Meyran Centre, Cabane 100. 06 49 79 64 22. Très belle terrasse au bord des prés salés. Huîtres du producteur, fruits de mer et pâté.

AU PORT DE LA HUME

Les Délices d'Arguin. 12-15 port de La Hume. 05 56 22 19 82, 06 14 68 93 26. Dans une ancienne cabane ostréicole, belle terrasse et vue sur le port. Producteur d'huîtres, médaillées d'or au concours général agricole Paris 2015. Également bulots, bigorneaux et crevettes Madagascar.

Cap au Large « Chez Marie ». 45 port de la Hume. 05 56 66 18 12. À l'entrée du port, terrasse au bord de l'eau et près du canal des Landes. Huîtres, fruits de mer et crevettes, mais aussi tapas du Bassin (accras de mulet ou dorade, poêlée de seiches ou de moules selon la pêche) et menu enfant (saucisses, moules ou poisson avec frites).

Bistro 50. 50 avenue de la Plage. 05 57 16 35 43. Restaurant bistronomique à deux pas du port de la Hume. Cuisine traditionnelle revisitée et de haut vol.

Limón. 62 avenue de la Plage. Restaurant de plage proposant brunchs, burgers originaux, viande et poisson de la région dans une ambiance exotique aux couleurs du Costa Rica. facebook.com/limonrestaurantgujan/

Pinasses, pinassottes et pétroleuses

« Regarde ma chérie, elle est jolie la "pignasse". » Sur la plage, une maman vient de désigner à sa petite fille l'embarcation qui se balance doucement à quelques mètres du rivage. Sans le savoir peut-être, elle a prononcé le nom tel qu'il l'était autrefois par les parqueurs et les pêcheurs qui les construisaient et les utilisaient au quotidien. En gascon, ils désignaient toutes leurs embarcations du mot *pinacéa*, qui se prononce effectivement pignasse et désignait également les planches de pin dont ils se servaient pour leurs bateaux. La terminaison *-asse* ayant valeur péjorative, on peut traduire pignasse par « mauvaises planches ».

Il n'existe aucune certitude sur une autre origine du nom de ce petit bateau, pas plus que sur l'époque de son apparition, mais on trouve pour la première fois le nom de pinasse associé au Bassin d'Arcachon dans un document de la fin du XVIe siècle.

Il existait autrefois trois types de pinasse.

• Les plus grandes mesuraient de 12 à 14 m de long et étaient utilisées pour aller pêcher la sardine et la sole le long de la côte, d'où leur nom de « pinasses de côte ». Elles étaient manœuvrées à l'aviron uniquement par un équipage composé de 8 à 16 hommes qui souvent bravaient l'interdiction de franchir les passes de l'océan et d'aller pêcher au large.

• Les pinasses proprement dites étaient plus petites, de 8 à 9 m de long, manœuvrées par 2 à 6 hommes. Elles servaient à la pêche à la sardine dans le Bassin. Le fond plat était nécessaire en raison des nombreuses zones peu profondes et des bancs de sable qui changent sans cesse de position, mais aussi pour pouvoir être « posées » quand la mer se retire. Elles pouvaient être menées à l'aviron ou à la voile latine, dont le mât démontable était simplement fiché dans une planche percée en son centre.

• Les plus petites enfin, désignées comme « pinassottes », mesuraient de 6 à 8 m et étaient réservées à la navigation sur le Bassin, pour la pêche et l'ostréiculture. Elles pouvaient être manœuvrées par une ou deux personnes.

Le renouveau

Cette pinasse traditionnelle du Bassin, tombée en désuétude et dépassée par les bateaux modernes, faillit disparaître avant qu'une poignée de passionnés réunis en association ne la sauve de l'oubli au début des années 1980. Après avoir constaté que seuls deux exemplaires de pinasse à voile étaient présents à une régate en 1982, ces amoureux constituèrent l'**Amicale des Pinasseyres** et réussirent à convaincre les élus de plusieurs communes du Bassin d'Arcachon de sauvegarder ce morceau du patrimoine maritime local tant qu'il existait encore des charpentiers capables de construire ces bateaux. La municipalité d'Arcachon passa commande de quatre pinasses à voile, bientôt imitée par celles de La Teste, Gujan-Mestras, Lège-Cap Ferret, Le Teich, etc., qui chacune fit construire une ou plusieurs embarcations, imitées par quelques particuliers.

Au moins cinq chantiers navals, dont trois plus que centenaires, se partagent aujourd'hui la construction des pinasses.

Les pinasses à moteur sont apparues dans les années 1900 (la première fut *Libellule*, en 1903) et furent surnommées les « pétroleuses » car elles fonctionnaient au pétrole lampant. Les parqueurs s'en servirent comme bateau de promenade dès les années 1950, quand ils commencèrent à développer l'activité touristique sur le Bassin. Sachez encore que « tillole » est le nom officiel que donne l'administration aux pinasses. Ce sont les « pétroleuses », les modèles à moteur et avec cabine (ou rouf), un peu plus longues que les pinasses à voile (10-11 m environ), qui vous emmèneront en balade. Vous ne pourrez pas les manquer, il y en aurait quelque 250 ou 300 naviguant sur le Bassin (pour 500 recensées environ).

Pinasses à voile.

Pinasses à moteur (en haut) et à voile (en bas).

Un bac à voile.

BON À SAVOIR

Les pinasses traditionnelles (à voile) donnent lieu chaque année à la **Régate des maires** au cours de laquelle s'affrontent les élus des communes du Bassin. En 2018, 2019 et 2021 (l'épreuve fut annulée en 2020, en raison de la pandémie de Covid-19), c'est *Saint-Ferdinand*, la pinasse d'Arcachon, qui remporta la course, à chaque fois devant *La Ferret-Capienne*, de Lège-Cap Ferret. Victoire arcachonnaise encore en 2022, devant *La Boïenne* de Biganos cette fois.

8 La Teste-de-Buch et le lac de Cazaux

Capitale du pays de Buch, La Teste-de-Buch en est la ville la plus peuplée avec plus de 26000 habitants. Elle englobe la plupart des joyaux de ce petit pays: la dune du Pilat, l'île aux Oiseaux, le banc d'Arguin, Pyla-sur-Mer, le lac de Cazaux sont sur son territoire, sans oublier les plages océanes, une immense forêt malheureusement durement touchée par les incendies de 2022, un aérodrome, un hippodrome, un golf international, un zoo… Arcachon elle-même était un quartier de La Teste jusqu'à 1857, ainsi que le Cap Ferret et la moitié de la presqu'île, qui furent rattachés à la commune de Lège en 1976.

Même si elle est agréable, sans doute ne vous attarderez-vous pas en ville. Vous y trouverez en revanche tout ce dont vous avez besoin, y compris un cinéma de dix salles pour les jours pluvieux. Et vous aimerez flâner sur l'un des **quatre marchés hebdomadaires**, autour de la halle couverte et ouverte tous les matins de l'été. Elle se situe au pied de la jolie **église Saint-Vincent**, lieu historique de la ville puisqu'elle date du XIVe siècle et qu'elle fut la chapelle des captaux de Buch, les seigneurs de l'époque.
Dirigeons-nous vers le bord de mer et le port ostréicole, bordé de prés salés qui seront prétextes à de très jolies balades.

Le port

Il ne vous faudra que 5 minutes en voiture ou un quart d'heure à pied pour rejoindre le **port ostréicole** et les prés salés depuis le centre-ville. Avec un peu de chance, vous trouverez une place sur le parking du port. Un ponton flottant de 66 anneaux et 260 m de long, inauguré fin 2017, est réservé aux **bateaux traditionnels**, accueillant jusqu'à plusieurs dizaines de pinasses: c'est magique, vous n'aurez nulle part ailleurs l'occasion d'en voir autant réunies. Le port a été dragué en 2021, permettant d'établir une ligne de navettes La Teste-Arcachon cet été-là.

LES INCENDIES DE 2022

Nul n'a oublié ni n'oubliera les terribles feux de forêt de l'été 2022 qui ont dévoré quelque 7 000 ha de forêt autour de La Teste, de la dune du Pilat au lac de Cazaux en passant par les plages océanes. Entre les restaurants et campings détruits, les routes, parkings et pistes endommagés, la situation reste incertaine au moment de boucler ce guide. Bien que tout soit mis en œuvre pour une reprise des activités touristiques et la réouverture des voies d'accès en 2023, les informations données ici concernant le massif forestier et ses abords le sont donc sous toutes réserves.

On accède au parking de ce quai (en sens unique) par le rond-point à l'angle de la rue du Port et de l'av. du Général-Leclerc. S'il est plein, pas de panique, il y en a un autre beaucoup plus grand 100 m plus loin sur la droite après l'entrée du port, qui ouvre sur les prés salés ouest.

Le port présente plusieurs visages. Il a su concilier sa vocation première (l'ostréiculture) avec celles du tourisme-découverte et de la préservation du patrimoine. Vous trouverez ici 36 ostréiculteurs, des chais, « plates », anciennes cabanes, empilements de tuiles chaulées et de poches à huîtres séchant au milieu des allées, mais également une douzaine de cabanes de dégustation en plus de restaurants, répartis sur l'av. des Ostréiculteurs (le quai de droite), l'av. des Pêcheurs (le quai central) et l'av. Ovide-Rousset (le quai de gauche).
En longeant le quai de gauche, sur l'av. Ovide-Rousset, vous verrez quelques pinasses sur cales ainsi qu'un **bateau-ponton**, autre type d'embarcation historique du Bassin qui a malheureusement disparu du paysage. Celui-ci est une réplique construite en 2010 par une poignée de passionnés, mais il n'a malheureusement jamais été mis à l'eau. Sa fonction d'autrefois était celle d'une habitation flottante d'ostréiculteurs telle qu'on en a vu jusque dans les années 1950. Dépourvus de moteur ou de voile, les bateaux-pontons étaient remorqués de parc en parc et souvent utilisés par plusieurs familles.
Parmi les nouveautés, un **petit train touristique** a fait son apparition en 2022 au départ du parking des prés salés ouest. Chaque mercredi matin, l'été, il emmène les visiteurs (de 10 à 50 personnes) à la découverte du port, pour une balade d'une heure commentée par une guide conférencière et ponctuée d'arrêts au cours desquels des personnages en habits d'époque racontent l'histoire locale (réservation à l'office de tourisme). L'été, le port accueille également des **soirées guinguettes** organisées par l'Office de commerce et de l'artisanat (d'autres se tiennent place du Marché).

Vous rêvez de vous mettre à la barre d'une pinasse ? C'est possible à La Teste où vous pourrez en louer une, sans culpabilité écologique puisqu'elles sont électriques, pour une balade en mer inoubliable en famille ou entre amis. Le loueur se trouve sur l'av. des Pêcheurs, le quai central, au bout à droite en arrivant (voir Infos pratiques).

BON À SAVOIR

Le port de La Teste : les pinasses.

Les prés salés

À l'extrémité du quai, vous pouvez suivre le chemin qui longe la digue et vous conduira sur les 42 ha des **prés salés ouest** par le « parcours des Libellules » : long de 2,4 km, le sentier serpente entre Bassin, zone humide et forêt. Vous y verrez des oiseaux, vous passerez sur de charmants petits ponts en bois, longerez un minuscule port de plaisance et rencontrerez une cabane d'observation sur l'eau au bout d'une passerelle en bois. Comptez une petite heure pour cette très agréable promenade qui vous ramènera au grand parking qui jouxte le port.

Plus vastes et plus sauvages encore, les **prés salés est** sont accessibles depuis le bout de l'av. des Ostréiculteurs (le quai de droite), où vous trouverez quelques places pour vous garer. De là, franchissez un petit pont et suivez la digue du XIXe siècle qui longe le Bassin sur 250 m : vous passez devant une **écluse** qui alimente le réservoir à poissons à votre droite, et vous arrivez à une jolie petite plage d'où vous verrez, à 500 m à peine, la pointe de l'Aiguillon à Arcachon et ses vieilles cabanes ostréicoles (malheureusement bordées d'immeubles modernes).

Moins de 700 m après cette petite plage, se trouve une seconde plage tout aussi jolie, avec une vue panoramique sur le Bassin d'Arcachon, et vous arrivez au **port de Rocher**, port ostréicole non touristique où sont installés dix ostréiculteurs. Vous pouvez longer le port et tourner à droite au bout pour continuer votre circuit autour des prés salés, cependant le paysage, souvent caché par des haies, présente moins d'intérêt.

Le mieux est soit de rebrousser chemin à votre arrivée au port de Rocher, soit d'en faire le tour complet et de continuer pour une très chouette balade en bord de mer : vous longerez alors une longue plage sau-

Infos pratiques

Office de tourisme. 13 bis rue Victor-Hugo à La Teste. 05 56 54 63 14. Parmi les visites guidées :

- **Découvrir les oiseaux du Bassin.** 2 h aux Prés Salés Ouest, 10 €, gratuit - 6 ans.
- **Observer les coquillages.** Sur la plage à marée basse, 2 h le long des Prés Salés Est, 10 €, gratuit - 6 ans.
- **Les secrets du port de La Teste.** En famille ou entre amis, un jeu d'exploration. Entre 3 et 15 participants, pack famille à 50 €.
- **Le port en petit train touristique.** 8,50 € (à partir de 12 ans), 5 € (de 3 à 11 ans). De 11 h à 12 h les mercredis de juillet-août.
- **Visite guidée de l'hippodrome et du centre d'entraînement.** En juillet et août, les mercredis, vous découvrirez les coulisses des courses hippiques.
- **Tour de l'île aux Oiseaux avec escale au Cap Ferret.** 24 € à partir de 12 ans, 18 € de 3 à 11 ans, gratuit - 2 ans. Horaire selon marée.
- **Balade vers l'île aux Oiseaux.** À bord du navire de l'UBA. 2 h, 22 € à partir de 12 ans, 17 € de 3 à 11 ans, gratuit - 2 ans. Horaire selon marée.

MARCHÉS

La Teste. Rue des Halles. Marché couvert ouvert tous les jours en juillet-août (fermé le lundi hors saison). En extérieur jeudi, samedi et dimanche. Un des plus grands marchés de Gironde.

Cazaux. Place du Général-de-Gaulle, marché de plein air le mardi matin.

ZOO ET HIPPODROME

Zoo du Bassin d'Arcachon. Route de Cazaux, D112. Plus de 1 000 animaux

Balade dans les prés salés de La Teste.

vage sur un peu moins d'1 km, qui mène en face du port et de la plage de la Hume. Pensez toutefois au retour : la balade en suivant le bord de mer depuis le port de La Teste jusqu'à la Hume fait 6 km A/R.

Le lac de Cazaux

Il vous faudra reprendre la voiture pour rejoindre le lac de Cazaux, de son vrai nom étang de Cazaux-Sanguinet, à une quinzaine de kilomètres du port de La Teste. Vous passerez devant l'**hippodrome de La Teste** (ou du Béquet), bien connu des turfistes puisqu'il accueille régulièrement des courses du Quinté +. L'**aérodrome de Villemarie** se situe juste derrière, vous pourrez y faire un saut en parachute en tandem au-dessus du Bassin. Quelques centaines de mètres après se trouve le **zoo du Bassin d'Arcachon**, l'un des plus grands d'Aquitaine, qui héberge plus de 800 animaux.

Vous arrivez enfin au lac 6 km environ après le zoo. Avec sa superficie de 55 km², à cheval sur le département de la Gironde et celui des Landes, l'étang de Cazaux-Sanguinet est le troisième plus grand lac d'eau douce de France, derrière celui de Carcans-Hourtin, également en Gironde, et le lac Léman. Plusieurs plages, très agréables avec leur sable fin et surveillées en été, aux eaux peu profondes, chaudes et cristallines, sont parfaites pour la baignade et la pratique de diverses activités nautiques (pédalo en location, stand-up paddle, planche à voile, dériveur…).

Vous accéderez à la première plage (la plage de Cazaux-Lac, aussi connue sous le nom de **plage de la Gemeyre**) par la rue Osmin-Dupuy sur la gauche (en sens unique), ou un peu plus loin sur la route du Lac, en vous garant au niveau du panneau « Boulodrome ».

sur 22 hectares et 4 km de visite. 05 56 54 71 44

Hippodrome de La Teste-de-Buch. 785 route de Cazaux. De mars à septembre. Restaurant panoramique *Le fer à cheval*. Entrée 2 €. 05 56 54 74 26.

ACTIVITÉS SUR L'EAU

PESCATOURISME

• **OSTRÉICULTEUR**. 45 €, demi-tarif pour les 8-12 ans, tarif famille : 130 €. 3 à 6 h. **Lionel Foucart.** Digue Ouest. 06 09 91 56 28

À LA TESTE

Pinasse Freebay. 5 rue des Colibris. Pour groupes uniquement, privatisation de la pinasse, 11 pers. maxi. Tour des villages ostréicoles, île aux Oiseaux, cabanes tchanquées… À partir de 290 €/2 h 06 79 78 86 05.

L'Entre-Deux. Port ostréicole. Balades de 2 h à la journée complète en pinasse ou chaland à partir du port de La Teste suivant les marées. 05 64 28 43 09.

E-Marine. Avenue des Pêcheurs, Cabane 55, port de La Teste. Location de pinasses électriques de 8 mètres, sans marin, 10 pers. maxi. Toute l'année. À partir de 350 € la demi-journée. 06 06 67 45 55.

CAP 114. Cabane 114, lieu-dit Lapin Blanc. Balades à bord de Brecher 8.40 (façon petit yacht), 11 pers. maxi. Durée de 1 h à 7 h, à partir de 350 €. 07 87 09 10 18.

À l'Eau Quittic. Jean-Marie Quittic, La Teste. Location d'un bateau avec ou sans skipper, toute l'année. À partir de 150 €/h. 07 82 72 42 42. >>>

FORÊT USAGÈRE

La forêt de La Teste présente la particularité d'être la seule forêt usagère de France : depuis le XVe siècle, les habitants sont autorisés à y ramasser librement du bois mort, voire à y couper du bois vert pour la construction, sous certaines conditions. Forêt naturelle exploitée depuis 2 000 ans, elle s'étend sur 3 800 ha environ, dont près de 3 200 auraient été détruits par les flammes en juillet 2022.

La forêt usagère.

Vous trouverez des restaurants, avec leurs jolies terrasses « avec vue », un loueur de pédalos, un boulodrome (qui jouxte le poste de secours). La plage s'étend sur 300 m jusqu'à un **cercle de voile**, un **club de plongée**, un **petit port de plaisance** et des **restaurants**, que vous pouvez également rejoindre depuis la route forestière en tournant un peu plus loin à gauche sur l'esplanade Jean-Labat. Tables de pique-nique et aire de jeux pour les enfants. Un peu plus loin encore, vous trouverez davantage de place pour vous garer à la **halte nautique**, au niveau du petit port de plaisance.

Mais nous ne pouvons que vous conseiller de poursuivre votre route sur 300 m encore après la halte nautique, pour atteindre la **plage Laouga** : un vaste parking de plusieurs centaines de places vous y attend, ainsi qu'une aire de pique-nique et un poste de secours, la plage étant surveillée en été. Vous pourrez aussi vous désaltérer ou manger dans l'un des deux cafés-restaurants de cette plage qui est la préférée des familles.

La forêt entoure l'intégralité du lac et s'étend jusque la dune du Pilat. C'est elle qui a été durement touchée par les incendies de 2022. En temps normal, vous y trouverez nombre de **sentiers de promenade** affectionnés en toute saison par les joggeurs et les promeneurs. Si elle redevient accessible en 2023, prenez garde de ne pas vous aventurer hors des sentiers tracés : la forêt est très vaste et vous pourriez facilement vous y perdre. Un parcours santé fléché de 1,6 km part du parking Laouga ou de la halte nautique.

>>> **Arguin Sailing**. 49 rue du Port, La Teste. Stages découverte et initiation à la voile sur le Bassin. Sorties pique-nique, coucher de soleil… Jusqu'à 10 pers., à partir de 130 €/pers. 06 27 30 52 46.

À CAZAUX

Cercle de voile et location de stand-up paddle. Halte nautique, lac de Cazaux. De mai à oct., tlj 10 h-20 h en juillet-août. 05 56 22 91 00.

Oceana VSM. Halte nautique, lac de Cazaux ou Bassin d'Arcachon. Baptême au lac 45 €. 05 56 83 98 95/06 72 78 28 74.

Sport Nuit Aventure. Lac de Cazaux. Plongée de jour et de nuit, au lac ou dans le Bassin. Toute l'année. 06 09 73 54 77.

Le plan d'eau. Raoul Gabriel, Domaine Les Chênes-Jaumard, route de Cazaux. Ski nautique, wake board, barefoot. Initiation 40 €, stage à partir de 105 € (1 jour). 05 56 22 23 68.

La Gaule Cazaline. La Gemeyre, Cazaux. Activités nature et pêche (perches, brochets, tanches, sandres, carpes…). Toute l'année. Carte de pêche nécessaire (internet ou magasin Décathlon de La Teste). 06 18 39 16 76.

Location de pédalos. Restaurant Le Bô Site. 05 56 22 52 25.

La Cabane du Lac. Halte nautique, plage de Larrouet. 05 56 66 75 83. Salades, spécialités burgers et tapas au bord du lac, au bout de la plage.

>>>

>>> Où manger ?

AU PORT DE LA TESTE

Cabane Le Tapioou. N° 20, av. des Pêcheurs. 05 56 66 53 72. Dégustation d'huîtres et fruits de mer face au port et aux pinasses.

Le Testut. Avenue des Pêcheurs. 06 24 96 64 93. Dégustation d'huîtres et fruits de mer face au port et aux pinasses.

La 12Zen. Cabane 41, av. des Pêcheurs. 07 88 49 96 15. Dégustation d'huîtres et fruits de mer face au port et aux pinasses.

Kabane 171. Av. des Pêcheurs. 06 75 79 53 40. Tout au bout de la digue centrale.

La cabane du Pirelon. 83 av. des Pêcheurs. 05 56 54 88 38. Sur la digue centrale.

Lé Fé Bassin. Cabane 127, av. des Pêcheurs. 05 57 52 67 65. Sur la digue centrale.

Chez Jéjhéne. Cabane 15, av. des Pêcheurs. 05 57 73 62 88. Sur la digue centrale, à l'ombre de quelques arbres et de la vigne.

La Cabane à Pinpin. 4 av. Ovide-Rousset. 05 57 52 65 64. Le restaurant à l'entrée du port sur la gauche.

La cabane du Paliquey. N° 6-7, av. Ovide-Rousset. 05 56 66 73 91. Restaurant à l'entrée du port sur la gauche, ouvert toute l'année.

Le Cailloc. Cabane 77, av. Ovide-Rousset. 07 67 14 21 57. Bar à huîtres au milieu du quai de gauche.

Fleurs d'écume. Cabane 157, 8 av. Ovide-Rousset. 06 08 26 04 16. Dégustation d'huîtres, au bout du quai de gauche.

Le Restaurant du Port. 2 av. des Ostréiculteurs. 05 56 54 64 81. Plateaux de fruits de mer, huîtres, nombreuses spécialités de poissons.

Fous de Bassin. 62 bis av. des Ostréiculteurs. 05 56 83 67 48. Spécialités de poissons, au bout du port ostréicole.

AU PORT DE ROCHER

Dégustation OstraSelect. Cabanes 2 et 3. 05 56 66 15 32.

EN VILLE

Le Cabanon. 136, avenue Charles-de-Gaulle. 05 56 66 93 05. Spécialités basques, landaises, ou girondines, ambiance « cabane de résinier » chaleureuse.

Le Surf Café. 7 rue Camille Pelletan. 05 56 66 38 61. Tapas, planches, cuisine bistrot, bar à ambiance avec de nombreux concerts.

Le Pestacle. 3 bd de Curepipe. 05 24 19 68 45. Restaurant, pizzas au feu de bois, burgers, bars à vin avec ateliers de dégustations, nombreux concerts. Le bar restaurant du chanteur Jérémy Frérot.

Oh'Marché. 2 rue François-Legallais. 05 56 22 97 56. Restaurant bistronomique, soirée musicale tous les samedis.

L'Aillet. 16 place Gambetta. 05 40 70 23 98. Restaurant néo-bistrot, carte régulièrement renouvelée.

À CAZAUX

Le Village. 49 av. de Verdun. Poissons, huîtres, viandes grillées, saumon fumé maison. En salle (climatisée ou au coin du feu), ou sur la jolie terrasse avec mini-boulodrome pour la digestion. Fermé en janvier. 05 56 54 61 81.

La Cazaute. Esplanade Jean-Labat. Tapas, poisson ou côte de bœuf à la plancha, ou pour une boisson ou une glace au bord du lac. D'avril à novembre. 05 56 83 97 09.

Le Bô Site. 23 rue Osmin-Dupuy. Menus généreux, planches à partager, salades, les pieds dans le sable au bord du lac. De mars à octobre. 05 56 22 52 25.

Chez Juliette. Plage de Laouga. Poissons grillés, tartares de poissons, salades, burgers et tapas au bord du lac. Sympa. 05 56 22 14 84.

Le lac de Cazaux.

Bon à savoir
Surface de l'île aux Oiseaux : 1 700 ha à marée basse, 300 à marée haute (100 lors des grandes marées).

9 Les cabanes tchanquées et l'île aux Oiseaux

Les cabanes tchanquées et l'île aux Oiseaux dépendent de la commune de La Teste-de-Buch. Vous ne manquerez pas d'aller les voir de plus près au cours d'une balade en mer ou d'une visite de l'île.

L'île aux Oiseaux

Si vous dénichez une embarcation pour vous y mener, sachez que l'accès se fait « aux risques et périls du commandant de bord », qui devra donc bien connaître les lieux et la façon d'accoster. En effet, l'île aux Oiseaux est en fait un haut-fond, le seul à avoir subsisté parmi ceux qui existaient bien avant que le delta de la Leyre ne se referme pour former le Bassin d'Arcachon. Son approche est délicate et se fait à marée descendante, l'échouage pouvant se situer à plusieurs centaines de mètres de la rive, à parcourir dans la vase, au milieu des parcs à huîtres. Évitez les pieds nus...

- Prévoyez **bottes**, pantalon, manches longues, chapeau, gourde et lotion anti-moustiques.

- Sur l'île, vous prendrez garde de ne pas vous écarter des chemins existants, notamment pour respecter la flore, fragile, composée d'espèces parfois rares (jonçaies, statices, salicornes vivaces, soudes maritimes...), mais aussi pour ne pas vous enliser dans des terrains souvent meubles voire mouvants de ces zones humides.

Vous pourrez observer les **colonies d'oiseaux** qui vivent là et qui ont donné son nom récent à l'île, qui autrefois s'appelait l'île de La Teste ou de Matelote. Sédentaires ou migrateurs, nicheurs ou hivernants, environ 150 espèces ont été recensées. Les seuls **mammifères** présents sur l'île sont le lapin de garenne et le rat.
Autrefois on y emmenait paître vaches et chevaux, qui traversaient à marée basse depuis la pointe aux Chevaux, mais la pratique

Cabane 51

BON À SAVOIR
Le kayak de mer est une solution pratique et autonome pour accéder à l'île aux Oiseaux.

fut abandonnée en 1882, après une tempête qui décima les troupeaux.
Site naturel classé depuis 2008, l'île compte **53 cabanes** (dont les deux tchanquées). Onze sont privées, les 42 autres dépendent du **Domaine public maritime** et sont soumises à une Autorisation d'occupation temporaire délivrée pour une durée de sept ans.
Elles sont regroupées en **six « quartiers »** : le Port de l'île, le Saous, l'Afrique, le Truc Vert, l'Îlot et celui des cabanes tchanquées. Ces cabanes furent autrefois construites pour **la pêche et la chasse** plus que pour l'ostréiculture. Elles servent aujourd'hui de « résidences secondaires » (il est interdit d'y demeurer à l'année), le confort y est rudimentaire : pas de réseau électrique ni d'eau courante, mais un puits artésien pour l'eau douce. Le prix à payer sans doute pour passer l'été loin de l'agitation touristique.

Les cabanes tchanquées

La première cabane tchanquée fut érigée en 1883, détruite par une tempête en 1943, puis reconstruite en 1945. Contrairement à ce que vous pourrez lire et entendre un peu partout, ces deux cabanes n'ont jamais servi à la surveillance des parcs à huîtres de l'île, mais de lieu de villégiature à deux familles. C'est ce qu'explique Jean-Claude Perrière, petit-fils de M. Longau qui avait construit une des cabanes d'origine, dans un reportage télévisé où il raconte ses souvenirs de quarante années de vacances passées dans la **cabane 53**. Celle-ci, celle à volets blancs, a été cédée à la commune de La Teste, a malheureusement été détruite en 2007 en raison de sa vétusté puis reproduite à l'identique la même année par la commune pour devenir la « 53 bis ». Elle est visitée par des petits groupes (scolaires notamment).
La cabane 51 est la cabane aux volets rouges. Elle est d'origine et était occupée jusqu'en 2019. Ce monument est à son tour victime des éléments et la mer risque de finir par l'emporter. Fin 2021, des piliers en béton armé ont remplacé ceux en bois pour consolider l'édifice et, depuis juillet 2020, un arrêté de la Préfecture maritime interdit « de circuler, de mouiller ou d'échouer un navire ou un engin nautique autour » en raison du délabrement. Les travaux de démolition et de reconstruction devraient démarrer en 2023 pour s'achever avant l'été 2024 avec une cabane toute neuve, refaite à l'identique de l'originale.

10 Arcachon

Pendant des siècles, Arcachon ne fut qu'un lieu-dit quasiment inhabité de La Teste, une avancée de sable bordée de dunes, de forêts et de prés salés. Avant qu'elle ne devienne une commune indépendante par décret impérial de Napoléon III en 1857, elle ne comptait qu'un hôtel, le Corsaire normand, construit en 1823 au bord de ce qui est aujourd'hui la plage d'Eyrac par François Legallais, un Normand arrivé en 1810 à La Teste où il épousa une fille du pays.

Un petit « établissement de bains » (les Bains Duprat-Biraben) suivit bientôt et, à leur suite, une première villa fut édifiée au bord de l'eau en 1842 par Alphonse Lamarque de Plaisance (futur maire d'Arcachon), vite imité par de riches négociants bordelais qui urbanisèrent le front de mer, en une quinzaine d'années. On construisit le débarcadère d'Eyrac en 1845, le chemin de fer arriva à Arcachon en 1857, les infrastructures se développèrent rapidement, et la Ville d'Hiver née des ambitions d'autres bâtisseurs célèbres, commença à sortir du sable de la dune dès 1862.
Le nombre de « baigneurs » et de « touristes » arrivant notamment par les « trains de plaisir » augmenta dans les années 1860, attirés par le nouveau Casino Mauresque mais aussi par les premières promenades en

La brasserie des Marquises.

La plage centrale et la jetée Pierre Lataillade. (anciennement jetée d'Eyrac.).

BON À SAVOIR

Les plages bordent l'intégralité du littoral d'Arcachon sur 7 km. Toutes sont de sable fin et classées en « zone A », la meilleure note de propreté. Depuis le port jusqu'aux portes de la dune du Pilat, on trouve la plage de l'Aiguillon, puis celles d'Eyrac et du Centre, les plages Pereire, des Abatilles, des Arbousiers, du Moulleau et les nombreuses plages du Pyla. L'embarras du choix !

mer. Têtes couronnées, aristocrates, industriels et artistes allaient s'y presser durant près d'un siècle avant que la jet-set ne se détourne de ses fastes pour lui préférer un Cap Ferret plus « nature ». Mais ils nous ont légué un bien bel héritage…

La Ville d'Automne

Ville d'Hiver, d'Été, de Printemps et d'Automne… À chaque saison son quartier d'Arcachon. Chacun d'eux a son charme et peut se visiter toute l'année. À commencer par la Ville d'Automne par laquelle vous arriverez, en venant de La Teste, en suivant les panneaux « L'Aiguillon » et « Port de plaisance ».

L'Aiguillon, c'est un port de pêche, un quartier aux maisons et immeubles colorés (modernes), mais c'est aussi une plage et un petit port de pêche pittoresques situés à la pointe de l'Aiguillon : c'est là que vous trouverez les rares mais typiques cabanes qui ont survécu à Arcachon. Pour y accéder, suivez le bd Pierre-Loti, de nombreuses places de stationnement vous attendent de part et d'autre d'un terre-plein central, garez-vous dès que possible car une fois arrivé au quartier ostréicole, à 250 m, vous ne trouverez pas de parking.

Les cabanes de l'Aiguillon.

Au bout de la rue, une petite plage vous attend avec, sur votre droite, la **Cabane de l'Aiguillon**, seule cabane de dégustation du quartier. Vous êtes ici à la limite de La Teste et d'Arcachon : derrière la Cabane de l'Aiguillon, vous êtes à La Teste : le petit port ostréicole et de pêche se prolonge sur 300 m. Au milieu est implanté le **chantier naval Bonnin**, le plus ancien chantier naval appartenant à la même famille en France (créé en 1863). En poursuivant de quelques centaines de mètres par un sentier, vous arriverez au quartier ostréicole du **Lapin Blanc** et ses cabanes professionnelles, toujours sur La Teste.

Restons à Arcachon et dirigeons-nous vers la gauche, sur la petite plage. Au pied de la résidence blanche, le portillon permet d'accéder au sentier et aux **cabanes de pêcheurs** : un petit morceau du patrimoine local, un coin paisible et authentique qui a bien failli totalement disparaître sous la pression des promoteurs immobiliers que l'on a hélas laissés défigurer les lieux. Au bout du sentier, un passage entre deux cabanes mène à la **plage de l'Aiguillon**, peu connue des touristes et surtout fréquentée par les habitants du quartier.

> La Cabane 52 (aux volets bleus) datait de 1924 et avait été bâtie par un constructeur de bateaux : en très mauvais état, elle a été démontée et refaite à l'identique en 2019 par une poignée de passionnés. Elle accueille désormais des expositions temporaires.

Vous pouvez également rejoindre la pointe de l'Aiguillon par la rue du Capitaine-Allègre (qui arma le premier chalutier à vapeur au monde sur le Bassin d'Arcachon), sur laquelle vous pourrez vous garer plus facilement. Vous serez alors à l'extrémité du **port d'Arcachon**, immense complexe de pêche et de plaisance qui s'étend sur 21 ha et peut accueillir jusqu'à 2600 bateaux de toute taille. Il est le deuxième port de plaisance de toute la côte Atlantique (derrière La Rochelle et devant Brest). Le quai Goslard en fait le tour sur un peu plus d'1 km, côté Bassin, et offre de nombreuses places de parking. Vous pourrez même y manger dans l'un des deux restaurants « avec vue ». Tout au bout de ce quai, une esplanade offre une splendide vue sur le Bassin, sur la plage et la jetée Pierre-Lataillade (anciennement jetée d'Eyrac) à gauche, et au large sur l'île aux Oiseaux, distante de 4 km. Vous y verrez aussi le **Monument des Péris en mer**, une sculpture de 6,75 m de haut, taillée dans un bloc de granit de 40 tonnes par Claude Bouscau et installée ici en 1967.

Retour sur la rue du Capitaine-Allègre, au cœur du port de pêche de l'Aiguillon, où vous trouverez la **Halle des pêcheurs**, construite en 2004 en s'inspirant de la silhouette des marchés couverts du XIXe siècle. C'est ici que sont par exemple organisées chaque année les fêtes de l'Aiguillon, mi-juillet, avec sardinades, vide-greniers, bandas et spectacles, ou encore une partie des fêtes de la Mer, mi-août.

Au bout de la rue du Capitaine-Allègre, la promenade surplombe la **marina** : vous y trouverez des panneaux sur l'histoire du port ainsi que les **pontons « patrimoniaux »** réservés aux embarcations traditionnelles du Bassin, pinasses, bacs à voile et autres gréements, ainsi que les superbes canots Picnic de Duboudieu.

Depuis le port, vous aurez inévitablement remarqué la haute statue du Christ (4 m), bras ouverts et tourné vers le Bassin, qui surplombe à 43 m de hauteur le clocher de **l'église Saint-Ferdinand**. Sur la cloche de Saint-Ferdinand est gravée en latin la maxime « Hier nuit, aujourd'hui aurore, demain lumière », et la petite histoire retient que le premier maire de la ville, Alphonse Lamarque de Plaisance, la modifia en « Hier solitude, aujourd'hui bourg, demain cité » dans le discours qu'il prononça lors de la venue de Napoléon III en 1859.

En voiture, après avoir fait le tour de l'église, prenez l'av. de Mendivil : au bout, vous arriverez juste en face du **Lycée Saint-Elme**, qui accueillit de 1872 à 1880 la toute première École centrale maritime en France, formant alors les futurs cadres de la marine marchande (sur un navire-école du même nom).

Les Halles d'Arcachon, inspirées de celles de Paris.

BON À SAVOIR

À côté de la halle se trouve la **criée**, la seule de Gironde : si vous êtes lève-tôt, vous pouvez en découvrir les secrets : l'office de tourisme propose **deux visites par semaine**, les lundis et jeudis, tout au long de l'année sur réservation, ainsi que des balades commentées dans le quartier de l'Aiguillon au départ de la halle.

Et en prenant à droite sur le **bd Deganne**, qui court jusqu'à la **place de Verdun** en centre-ville, vous aurez tout loisir d'admirer, de part et d'autre du terre-plein central, des dizaines de **très belles villas** de tous styles, arcachonnaises avec leurs parements en briquettes rouges de Biganos, mais aussi néo-basques, landaises, et aussi de véritables « petits châteaux » en pierre de taille avec çà et là quelques tourelles. Il est possible de se garer quasiment tout au long de ce boulevard, n'hésitez pas à vous y arrêter.

Un peu plus loin sur la gauche, en prenant par l'av. Berdoulat et la rue Guynemer, vous arrivez au **Stade Vélodrome** d'Arcachon : construit en 1906 (il en remplaçait un premier qui datait de 1894), il accueillit nombre de compétitions, et plusieurs records du monde de vitesse y furent signés. Abandonné à la Seconde Guerre mondiale et transformé en parc omnisports, on s'en sert aujourd'hui pour des spectacles et les concerts de l'été du **Festival Arcachon en Scène** : scène de spectacle digne des grands stades, écrans géants, capacité de 10 000 spectateurs… Renseignez-vous à l'office de tourisme pour la programmation de l'année.

Impossible de quitter la Ville d'Automne sans passer par la jolie **plage d'Eyrac**, au bout de la marina. Moins fréquentée que la plage centrale toute proche, elle est bordée de longues et agréables **promenades en caillebotis** posées sur le sable, une pour les piétons et une pour les cyclistes. Cette « piste » relie le port à la jetée Pierre-Lataillade, distants de près d'un kilomètre, en longeant villas et immeubles du bord de mer.

La promenade en double caillebotis longe la plage, de l'Aiguillon à la jetée Pierre-Lataillade.

La promenade Veyrier-Montagnères.

La Ville d'Été

La Ville d'Été englobe l'essentiel du front de mer ainsi que la partie la plus animée du centre-ville. Pour rendre l'hypercentre encore plus agréable, la municipalité a mis en place en 2022 une opération « Centre-ville piéton », interdisant la circulation entre midi et 23h de mi-juin à mi-septembre, autour de l'avenue Gambetta qui relie la place Roosevelt à la jetée Thiers. L'opération sera reconduite en 2023.
Côté mer, la Ville d'Été s'étend de l'historique **jetée d'Eyrac** (rebaptisée en septembre 2021 jetée Pierre-Lataillade, du nom du maire de la ville de 1985 à 2001, décédé en 2020), à l'ancienne jetée Legallais (devenue L'épi Legallais), en passant, à mi-distance, par l'incontournable **jetée Thiers**, lieu de promenade et d'embarquement de l'essentiel des balades en mer sur le Bassin d'Arcachon.
La jetée Pierre Lataillade, ex-jetée d'Eyrac, la plus ancienne d'Arcachon, fut construite en bois dans les années 1840 pour les pêcheurs, détruite par une tempête en 1882 et reconstruite en béton en 1903. En arrivant, un carrousel ravira les enfants, ainsi en automne qu'une grande roue pour les vacanciers qui souhaitent profiter de l'été indien. Au bout de l'embarcadère se trouvent les premiers guichets des partenaires de l'UBA, l'Union des bateliers arcachonnais, qui vous emmèneront en balade sur le Bassin.

A 100 m seulement de la jetée, dans la rue du Professeur-Jolyet qui la prolonge, existait jusqu'en 2020 le **musée-aquarium d'Arcachon**. Inauguré en 1866, il était le plus ancien de France, le deuxième plus ancien au monde après celui de Londres, et présentait dans ses différentes salles de nombreuses collections d'oiseaux, de reptiles, et bien sûr de poissons du Bassin. Fermé en raison de sa vétusté, les animaux ont été transférés sur d'autres sites (notamment l'aquarium de La Rochelle), et il ne sera pas rénové. Un hôtel de luxe pourrait prendre sa place dans un avenir incertain si le projet était retenu, tandis que le musée pourrait renaître mais sous une forme numérique uniquement.

Le **Café de la Plage**, à l'entrée de la jetée, est une institution. Il existait déjà au tout début des années 1900. Des cartes postales de l'époque nous montrent sa terrasse, tout aussi bondée qu'aujourd'hui. Le **Casino de la Plage** d'alors est devenu le Palais des Congrès. Mais le casino existe toujours, à 150 m du Café de la Plage, sur le bd de la Plage que vous rejoindrez par la rue du Professeur-Jolyet (un bd de la Plage tout beau tout neuf, refait pour l'été 2023 avec de plus larges trottoirs et un revêtement clair). On appelle aussi le casino le **château Deganne**. Autre « père fondateur » d'Arcachon, Adalbert Deganne en fut maire par deux fois entre 1870 et 1880. On lui doit d'avoir favorisé le développement du tourisme des « bains de mer » en faisant notamment tracer de larges avenues (dont celle qui porte son nom), et d'avoir fait construire en 1855 ce château qui, avant d'être transformé, était une copie conforme du château de Boursault, en Champagne, d'où il était originaire.

Le catamaran *Côte d'Argent*.

BON À SAVOIR
C'est de la jetée Pierre-Lataillade que part le *Côte d'Argent*, grand catamaran orange de 25 m d'une capacité de 220 personnes qui assure quotidiennement les traversées vers le Cap Ferret.

Depuis la jetée Pierre-Lataillade, l'agréable **promenade Veyrier-Montagnères** bordée de pins et de palmiers vous mène à la jetée Thiers en longeant le bord de mer sur 400 m. L'accès à la **plage du Centre** qui s'étend de part et d'autre de la jetée Thiers peut se faire à plusieurs endroits de la promenade, par des escaliers ou par une rampe en pente douce aménagée plus spécifiquement pour les personnes à mobilité réduite, qui trouveront là des équipements adaptés au niveau du poste de secours.

La première **jetée Thiers** fut construite en 1903 et elle devint aussitôt le cœur de la Ville d'Été. Les estivants s'y pressaient déjà par milliers pour admirer le panorama, des fêtes nautiques rassemblant des dizaines de bateaux y étaient organisées, tandis que sur la plage, de part et d'autre de l'embarcadère, des « garçons-livreurs » vendaient aux vacanciers les gâteaux qu'ils transportaient dans un coffre ou un panier posé sur la tête, au milieu des concours de châteaux de sable et des centaines de tentes de plage qui permettaient de se changer à l'abri des regards. Cette jetée historique fut détruite par les Allemands en 1944, reconstruite en 1946, pour être de nouveau détruite en 2003, remplacée en 2004 par la version actuelle, longue d'environ 200 m et aménagée dans l'esprit de la Belle Époque.

L'esplanade (la **place Thiers**) a été refaite en 2019, des drapeaux aux couleurs la ville flottent désormais fièrement au-dessus d'elle.

Ne vous étonnez pas de voir les visiteurs s'y déchausser : des moulages en bronze d'empreintes de pieds de navigateurs célèbres (Eric Tabarly, Olivier de Kersauson, Titouan Lamazou, Gérard d'Aboville…) y ont été incrustés et beaucoup s'amusent à comparer leur pointure avec celle des marins, comme on le fait sur le Walk of Fame de Hollywood Boulevard avec les empreintes de mains des stars du cinéma.

C'est également ici, au début de la jetée, que vous trouverez les petites cabanes blanches des **guichets de l'UBA** où vous réserverez vos promenades en mer et autres croisières autour du Bassin. C'est aussi à l'entrée de la plage du Centre que les enfants pourront s'amuser dans un club de vacances (Mickey, Les Marsouins…).

Entre les deux jetées, face à la plage Centrale, impossible de ne pas remarquer la queue de baleine qui émerge des eaux

La queue de la baleine change de couleur chaque année.

du Bassin et qui est devenue l'un des symboles d'Arcachon. D'une envergure de 9 m pour une hauteur de plus de 4 m au-dessus de l'eau, cette sculpture en résine et Inox de l'artiste belge Emmanuel Janssens Casteels a été vue pour la première fois en 2011 et fait désormais partie du paysage estival de la station balnéaire. Installée chaque printemps, elle est retirée après la Toussaint pour être entretenue, stockée pour l'hiver, et revêtue d'un nouveau décor et de nouvelles couleurs chaque année. En 2022 elle arborait des rayures bleues et une rouge, ainsi qu'une colombe de la paix tenant dans son bec un rameau d'olivier, inspirée d'un dessin de Picasso, dans un cœur jaune en hommage au peuple ukrainien.

La promenade Veyrier-Montagnères qui relie les deux jetées se prolonge après la place Thiers par la **promenade Marcel-Gounouilhou**: sur 500 m environ, de nombreux bancs (rouges, comme tous les bancs publics d'Arcachon), à l'ombre des pins, permettent une pause bien agréable pour profiter de la vue sur le Bassin.

À 300 m de la place Thiers, à l'angle de la place Carnot, vous passerez devant ce qui fut le **Grand Hôtel** (à ne pas confondre avec le Grand Hôtel Richelieu qui donne sur la place Thiers), que vous reconnaîtrez aisément à ses quatre étages, son escalier monumental et son style haussmannien: ce luxueux palace, qui était décrit par le journal *L'Avenir d'Arcachon* comme « un des plus beaux du Sud-Ouest », comprenait « 300 chambres desservies par un ascenseur et éclairées à l'électricité ». Il fut achevé en 1866 et appartenait à Léon Lesca, un riche entrepreneur de La Teste connu pour avoir développé la presqu'île du Cap Ferret.

L'histoire locale retient surtout que l'impératrice d'Autriche Marie Elisabeth Eugénie, dite **Sissi**, y séjourna brièvement (six jours seulement, du 30 août au 4 septembre 1890). Elle y était d'ailleurs venue « incognito » (c'est-à-dire avec une suite de quinze personnes...), inscrite sous le nom de Madame de Tolna.

En 1908, le journal *L'Avenir d'Arcachon* avait recensé les « étrangers de distinction » qui y étaient descendus, dans une (très) longue liste de centaines de noms de comtes et comtesses, barons, marquis, vicomtes, un prince, une reine, etc. La raison d'un tel inventaire? Le palace avait été ravagé par un terrible incendie deux ans auparavant, le 21 septembre 1906 et en grande partie détruit. Ce monument, historique pour Arcachon, fut partiellement reconstruit en 1910 (sans son aile ouest originelle) mais ne retrouva semble-t-il jamais vraiment son lustre passé. Transformé en hôpital pendant le Première Guerre mondiale, il est aujourd'hui devenu une résidence d'appartements (mais au moins est-il toujours là).

Passé le Grand Hôtel, la promenade Marcel-Gounouilhou vous mènera, à l'angle de la rue du Commandant-Jean-Sansevin, à une sympathique petite esplanade, **L'épi Legallais**: c'est à cet endroit qu'existait autrefois la cinquième jetée d'Arcachon, la **jetée Legallais** (oui, le « corsaire normand ») qui n'existe donc plus. Voilà qui peut conclure cette balade, avec là encore des bancs pour admirer le superbe panorama, et à gauche une charmante **plage**, minuscule à marée haute, avec vue sur la jetée suivante, celle de la Chapelle dans la Ville de Printemps.

En revenant sur vos pas, ne manquez surtout pas de tourner sur la rue Roger-Expert (à 70 m de la jetée Thiers). Dès le départ de cette petite rue, vous apercevrez la tour de l'horloge qui domine **la place des Marquises**, au centre de la Ville d'Été. Cette jolie place a été métamorphosée en 2012 au terme de sept ans de travaux. Trois ha du centre-ville ont été entièrement transformés, dont le quartier de l'hôtel de ville tout proche. Cette place adopte le plan d'une bastide du Sud-Ouest, avec sa forme carrée et ses arcades tournées vers un marché central. C'est ici que se tient chaque matin de l'été **le vaste marché de la ville** (plus quelques-uns en nocturne), en extérieur ainsi que dans la halle de 1 500 m² dont l'architecture de verre et d'acier a été inspirée de celle des anciennes Halles de Paris. D'innombrables commerces sont disposés tout autour de la place et dans les rues adjacentes (av. Gambetta, av. Lamartine…), ainsi que les trois salles du cinéma Grand Écran, rue Jéhenne. Le parking souterrain « Centre-ville Plage », rue Jéhenne, dispose de 600 emplacements sous la place des Marquises.

BON À SAVOIR

Vous pouvez réserver une des promenades commentées de la Ville d'Hiver (plusieurs circuits possibles) organisées par l'office de tourisme, dont une avec des animateurs en costumes d'époque (ou louer un audioguide pour une visite autonome). Autre possibilité : le « petit train » et son agréable parcours de la Ville d'Hiver (40 min, avec commentaires audio).

La Ville d'Hiver

Vous ne trouverez sans doute nulle part ailleurs une telle concentration de villas majestueuses, exotiques, excentriques. En deux ans seulement, entre 1862 et 1864, des rues furent tracées sur la dune, des dizaines de villas sortirent du sable, ainsi que le Casino mauresque.

Cette prouesse, nous la devons à plusieurs « pères fondateurs » de la ville. Tout d'abord, le maire de La Teste, **Alphonse Lamarque de Plaisance** (un nom prédestiné !), qui sup-

Villas de la Ville d'Hiver.

plia Napoléon III pendant des années de lui rendre visite, jusqu'à ce que l'empereur accepte de créer la commune indépendante d'Arcachon en 1857. Alphonse Lamarque en fut le premier maire. Napoléon III finit par s'arrêter brièvement à Arcachon, avec son épouse et son jeune fils, en 1859.

Il fallut le talent de persuasion des frères **Émile et Isaac Pereire**, entrepreneurs proches de la famille impériale, pour que naisse la Ville d'Hiver. L'idée était, en plus des bains de mer thérapeutiques supposés soigner les rhumatismes, de faire profiter du bon air de la côte Atlantique et du microclimat local à une époque où sévissait la tuberculose dans toutes les couches de la société. Voilà pourquoi les ruelles de la Ville d'Hiver sont souvent étroites et courbes, ce qui limite les « courants d'air » balayant les larges avenues rectilignes. Et pourquoi aussi la Compagnie des Chemins de Fer du Midi, créée par les frères Pereire, s'attela à construire de luxueuses villas qu'ils allaient mettre en location...

Napoléon III revint en 1864 pour « honorer de sa présence » le Casino mauresque inauguré quelques mois plus tôt. Aujourd'hui on appellerait cela un « coup de com », un coup de pouce aux bâtisseurs, les frères Pereire, qui allaient bientôt attirer ici, et pour longtemps, le gotha mondain de toute l'Europe (et au-delà). L'empereur ne revint jamais à Arcachon, mais il missionna son ministre de la Marine pour encourager la culture de l'huître en créant des « **parcs impériaux** ». La Ville d'Hiver allait continuer à se construire jusqu'au début du xxe siècle.

La Ville d'Hiver compte quelque 400 villas construites sur 10 ha : impossible d'en faire le tour en une seule journée. Pour une balade qui vous permettra d'en découvrir les principaux joyaux, nous vous conseillons de partir du **Parc mauresque**, oasis de verdure au cœur de la ville haute. Ici se dressait le Casino de la Forêt, dit « **Casino mauresque** » en raison de son style oriental « à la mode arcachonnaise ». Inauguré en juillet 1863, avant même que la Ville d'Hiver soit achevée, il faisait également office de salle de bals et de spectacles. Concerts, opéras, bal-

La maquette du Casino mauresque.

lets… : il s'agissait de divertir la haute société pour l'attirer à Arcachon. Mais il a été détruit, une nuit de janvier 1977, dans un incendie dont l'origine demeure incertaine voire suspecte. Il n'en reste plus rien, vous n'en verrez qu'une maquette à l'extrémité du parc, près de **l'ascenseur qui relie les villes d'Hiver et d'Été**.

Installé en 1948, l'ascenseur est toujours fonctionnel, profitez-en. Il remplaçait un funiculaire construit en 1913. Vous aurez d'ici un point de vue remarquable sur la Ville d'Été en contrebas ainsi que sur le Bassin d'Arcachon.

Ressortez du parc par le haut, et prenez à droite. Vous admirerez la **villa *L'Ensoleillée***: construite en 1877, elle s'appelait alors *Sévilla* avant d'être rebaptisée probablement dans les années 1920. D'Espagne il est encore question quelques mètres plus loin avec la **villa *Toledo*** au remarquable escalier. Prenez à gauche sur l'allée Faust pour découvrir l'une des villas les plus singulières, la **villa *Faust*** et son architecture pseudo-médiévale avec sa haute tour. À la gauche de Faust, la **villa *Siebel*** construite vers 1900 porte le nom d'un des personnages de l'opéra à succès de Gounod. Face à *Siebel*, ***Fragonard***, en pierre de taille, fut aussi l'une des premières construites sur le secteur, en 1864. Sa voisine, ***Coulaine***, est en brique et boiseries. À 60 m de là, au bout de l'allée Faust, se trouve la **villa *Brémontier***, entourée d'un grand parc de 5 700 m² pourvu d'une écurie.

BON À SAVOIR

Pour parachever votre découverte de la Ville d'Hiver, un seul mot d'ordre : **perdez-vous !** Prenez votre temps, flânez, observez, admirez…

Dans un rayon de 200 m à peine autour du Parc mauresque, vous avez un aperçu des perles de la Ville d'Hiver ; imaginez cela sur 10 ha… De discrets panneaux informatifs, au pied des villas les plus remarquables, faciliteront votre visite.

Remontez la courte allée Faust jusqu'au début : un passage se trouve aussitôt sur votre gauche, signalé comme une impasse sauf que ce n'en est pas une pour les piétons. Suivez-la pour arriver à la **passerelle Saint-Paul**, qui mène à **l'observatoire Sainte-Cécile**. La passerelle, longue de 32 m, a été construite en 1862 pour enjamber le creux de 15 m de profondeur qui séparait les dunes. L'année suivante, en 1863, a été édifié l'observatoire Sainte-Cécile dont la plateforme s'élève à 25 m au-dessus du sol.

L'étroit escalier de métal ne manquera pas de tanguer sur votre passage, mais la récompense est là : une vue exceptionnelle sur les toits de la Ville d'Été à droite,

L'observatoire.

sur l'ex-Grand Hôtel en bord de mer, sur la tour de la villa Saint-Yves... et bien sûr sur le Bassin d'Arcachon, l'île aux Oiseaux et les cabanes tchanquées. Vous êtes au sommet de la « tour Eiffel d'Arcachon » : l'appellation est un peu abusive et habilement touristique, car la passerelle et l'observatoire ont été dessinés par l'architecte Paul Régnault. Mais il se trouve que celui-ci avait pour assistant un certain Gustave Eiffel...

En quittant l'observatoire, ne repassez pas par la passerelle, redescendez par le chemin qui mène à l'allée Alexandre-Dumas et prenez à gauche. Ici se trouve celle qui est peut-être la plus majestueuse de toutes, la **villa *Alexandre Dumas***. Elle fut construite en 1895 pour un riche banquier, Daniel Iffla, mécène et philanthrope. La demeure fut d'abord baptisée *Osiris*, le surnom de son propriétaire, avant d'être rebaptisée Alexandre Dumas en 1907, en hommage à l'écrivain qui n'y résida pas mais visita la ville en 1865 (Alexandre Dumas « fils », l'auteur de *La Dame aux camélias*, pas le père, auteur des *Trois Mousquetaires*).

Faites un détour, à quelques centaines de mètres du Parc mauresque, par la **place Alexander-Fleming**, que tout le monde ici appelle la place des Palmiers (son ancien nom, vous comprendrez pourquoi en arrivant). Au centre de la place, le charmant **kiosque à musique**, construit en 1866 dans le jardin du Grand Hôtel, démonté et remonté ici en 1894. À côté, l'Église anglicane qualifiée de « plus belle de France », la **villa *Béthanie***...

Au bout de l'allée Bouillaud (près de La Poste), vous accédez à la forêt : en suivant sur 400 m environ le sentier qui part vers la gauche, vous arriverez à hauteur de l'allée Corrigan.

C'est là que fut créée une **piste de ski** sur grépins (le nom local des aiguilles de pin). Car on skia aussi à Arcachon où l'on ne voit pourtant presque jamais la neige, de 1912 à 1970. Il y eut même un remonte-pente mécanique, un tremplin, des portes de slalom... et une manche officielle du championnat de France de ski alpin en 1947. Incroyable, non ?

La Ville de Printemps

En front de mer, la Ville de Printemps s'étend de la jetée de la Chapelle jusqu'à celle du Moulleau. Entre les deux jetées, près de 4 km de sable fin, de la longue plage Pereire bordée du superbe parc du même nom, à celle du Moulleau, en passant par celles des Abatilles et des Arbousiers.

Avec environ 70 m de long seulement, la **jetée de la Chapelle** est la plus petite des quatre que possède encore Arcachon, mais elle en est peut-être la plus charmante et la plus propice à une pause contemplative à l'écart de l'agitation touristique du cœur de ville. Son axe est directement tourné vers l'île aux Oiseaux que vous n'aurez donc aucun mal à situer. Ce que vous ne verrez pas en re-

Infos pratiques

Office de Tourisme. Théâtre Olympia, 21 av. du Général-de-Gaulle. 05 57 52 97 97. Nombreuses visites guidées, notamment de la Ville d'Hiver, de la source des Abatilles, de la criée... Parmi elles :

- **Les mystères de la Ville d'Hiver**. Jeu de piste en équipe. Durée 1 h 30. 14 € adultes, 7 € de 7 à 12 ans.
- **L'incendie du Casino mauresque.** Visite enquête (à partir de 10 ans) inspirée de faits réels. En équipe, vous explorerez la scène de crime grâce à des mini-jeux et des images d'archives. Ensuite, vous établirez le portrait-robot de l'incendiaire, en écoutant 6 témoignages. Durée 2h. 14 € adultes, 7 € de 10 à 12 ans.
- **Balades gourmande à Arcachon.** 2 h de visite et dégustation, balade salée et balade sucrée avec différents commerçants. 18 € adultes.
- **Découverte de la Ville d'Hiver et de ses petits secrets.** Une belle balade, de la Ville d'Automne en passant par la Ville d'Été pour finir dans la Ville d'Hiver. Durée 2 h (4 km). 14 € adultes.
- **La Ville d'Hiver.** Durée 1 h 30. 14 € adultes.
- **La criée.** Les lundis et jeudis matins (sauf jours fériés) à 6 h 15. Durée 1 h 30. À partir de 14 €.
- **La source des Abatilles.** Visite de l'entreprise d'embouteillage de cette source reconnue depuis 1925 par le corps médical pour ses qualités thermales et captée à 472 m de profondeur. Tous les mardis et jeudis matins, sauf jours fériés. Durée 1 h 30. 10 € adultes, gratuit - 10 ans.

La chapelle des Marins, dans la basilique Notre-Dame… et la Vierge miraculeuse, à l'entrée de l'église. Photos Pascal Moulin.

vanche est un spot de plongée sous-marine très connu, le « **trou de Saint-Yves** » : il s'agit de l'endroit le plus profond du Bassin d'Arcachon, une fosse d'une trentaine de mètres de profondeur au fond de laquelle gisent nombre d'épaves de bateaux, mais aussi un avion de chasse, un Mystère IV de l'armée de l'air française, qui s'abîma non loin de là et y fut remorqué et coulé en 1969. Le trou de Saint-Yves est ainsi nommé car il se trouve en face de la villa du même nom : à droite de la jetée, c'est la villa blanche surmontée d'un belvédère. Autre villa remarquable au bord de la plage, à gauche de la jetée, *L'Alma* est encore plus ancienne puisqu'elle reçut l'épouse de Napoléon III, l'impératrice Eugénie, et leur fils en 1859, lors du bref passage de la famille impériale à Arcachon.

BON À SAVOIR

Le célèbre jeu 1 000 Bornes fut imaginé ici, à Arcachon, par Edmond Dujardin et sa famille en 1954…

Connu pour abriter nombre de villas princières, le quartier de la Chapelle est également chargé d'histoire religieuse. Au pied de la jetée, vous aurez bien sûr remarqué la haute **croix des Marins**, érigée dans l'alignement de la **basilique Notre-Dame** que vous apercevez 300 m plus haut. Une légende raconte qu'un moine franciscain, le père Thomas Illyricus, s'était retiré dans cet endroit désolé au début du XVIe siècle. Il aurait vu des navires en détresse au large et aurait tracé ici une croix dans le sable pour que Dieu leur porte assistance. Le moine aurait trouvé quelques jours plus tard une petite statue de la Vierge échouée sur la plage. La tradition a d'ailleurs longtemps voulu que les

ÉGALEMENT…

Petit train touristique. Départ à l'OT, esplanade Georges-Pompidou. D'avril à oct., tous les jours. Circuit Ville d'Hiver : durée 40 min. Adulte 7 €, de 3 à 12 ans 4,50 €, gratuit – - 3 ans. Circuit panoramique : durée 40 min. Adulte 8,50 €, de 3 à 12 ans 5 €, gratuit – 3 ans.

LES MARCHÉS

Marché du cœur de ville. Place des Marquises, 15 juin-15 sept. 7j./7 (fermé le lundi hors saison). Du lundi au samedi de 17 h à 20 h.

Marché nocturne. Place des Marquises du 14 juillet au 23 août, du mardi au vendredi, de 19 h à 23 h.

Marché bio et du terroir du Moulleau. Tous les mardis de juillet et août.

Le marché de l'Aiguillon. Place de l'Aiguillon tous les mercredis matin du 15 juin au 15 sept..

SUR L'EAU

• **Ostréiculteurs**. 45 € par personne, demi-tarif pour les 8-12 ans, tarif famille (2 adultes, 2 enfants : 130 €). 3 à 6 h. **Yann et Antoine Duvignac.** Port de pêche. 06 66 05 64 47. **Jean-Gabriel Binois.** Port de pêche. 06 99 48 82 84

• **Pêcheur**. 45 € par personne, demi-tarif pour les 8/12 ans. Durée : 4 h minimum. **Christophe Castaing**. Port de pêche. 06 60 73 01 34 **>>>**

Le parc et la plage Pereire.

marins qui quittaient le Bassin saluent la croix de trois coups de corne de brume ou de sirène pour s'attirer la bénédiction de la Vierge, et qu'ils la remercient en rentrant à bon port. La statue de la Vierge se trouve désormais dans la **chapelle des Marins** de la **basilique Notre-Dame** (première église d'Arcachon dont la construction remonte à 1856).

En voiture (ou à vélo par la piste cyclable qui longe les boulevards), vous pouvez maintenant vous diriger vers la **plage Pereire** par le bd de l'Océan. C'est l'une des plus belles d'Arcachon. Attention, il est souvent difficile d'y stationner.

Pour profiter de la plage dans un confort royal, vous pouvez tenter le très chic Club

BON À SAVOIR

À vélo il existe une formidable façon de passer de la Ville d'Été à la Ville de Printemps, sur 3,5 km. Depuis l'ancienne jetée Legallais au bout de la promenade Marcel-Gounouilhou, remontez la rue du Commandant-Jean-Sansevin, prenez la piste cyclable sur la droite, qui longe le bd de la Plage. Vous arriverez allée de la Chapelle, avec sa jetée, la croix des Marins, la basilique. Continuez ensuite la piste qui longe le bd de l'Océan puis le bd de la Mer pour arriver à la plage Pereire (2 km). La piste se poursuit en bord de mer, entre la plage et la dune boisée du superbe parc Pereire, jusqu'à la jolie plage des Arbousiers, où on pourra continuer jusqu'au Moulleau… ou reprendre des forces pour le retour. Top !

>>> UNION DES BATELIERS ARCACHONNAIS

Toute l'année (sauf 25/12 et 1er janv.) : Arcachon-Cap Ferret AR, tous les jours, jetée Thiers. Adulte 9 €/15 €, 3-11 ans 7 €/12 €, 0-2 ans gratuit, vélo 6 €/11 €.

En saison :

- Départ jetée Thiers : Arcachon-Le Canon ou Arcachon-Andernos (horaires selon marées). 06 88 77 33 78.
- Départ jetée d'Eyrac : Arcachon-Banc d'Arguin ou Dune du Pilat.
- Départ jetée du Moulleau : le Moulleau-Cap Ferret. Vélos autorisés sauf pour le banc d'Arguin et la dune du Pilat. Achat des billets aux jetées ou sur Internet, www.bateliers-arcachon.com. 05 57 72 28 28.

Nombreuses promenades et croisières. 1 h à 3 h (tour de l'île aux Oiseaux, grand tour du Bassin, banc d'Arguin…), renseignez-vous aux guichets des partenaires de l'UBA sur les jetées, ou auprès de l'OT.

Exemples de tarifs. Balade vers l'île aux Oiseaux (1h15) : adulte 15 €, 3-11 ans 11 €, 0 à 2 ans gratuit. Le tour de l'île aux Oiseaux (2 h) : adultes 20 €, 3-11 ans 15 €, 0-2 ans gratuit. La Littorale (2 h 30) : tarif unique 29 €.

LOCATION DE BATEAU TRADITIONNEL

Dubourdieu Services. Port de plaisance, pontons 10 et 11. 05 56 66 00 55, 06 60 85 86 53.

Allô à l'eau. Port d'Arcachon, Traque 15. 06 33 33 21 21 / 06 86 92 60 50

Cap 114. Traque 13, places 4/6. 07 87 09 10 18.

Les Pinasses du Bassin. Petit port de plaisance, Quai Patrimoine n° 14. 06 88 08 32 94.

La plage Pereire. La source des Abatilles.

Plage Pereire (sur réservation) : une cabane Bartherotte posée sur la plage de mai à septembre, pour boire un verre ou déjeuner, avec terrasse les pieds dans le sable.
Vous pouvez aussi simplement poser votre serviette sur le sable ou sur les pelouses du parc Pereire, **à l'ombre des pins**.
C'est dans cette partie de la Ville de Printemps qu'Émile Pereire, un autre « père fondateur » d'Arcachon puisqu'il fut à l'origine de la Ville d'Hiver, se fit construire une superbe villa sur la dune qui surplombe la plage, le « chalet Pereire », à la façon d'un grand chalet des Alpes. Malheureusement, la villa fut détruite en 1959 pour laisser place à un lotissement moderne, et les 40 ha du **parc Pereire** d'autrefois sont pour partie devenus un quartier résidentiel qui reste toutefois très boisé. Pour partie seulement car il en reste une vaste zone préservée, en bordure de mer, qui vous offrira nombre de jolies balades le long de la promenade du bord de mer.
Le parc Pereire se prolonge sur environ 500 m au sud, toujours longé par la promenade piétonne du bord de mer, la piste cyclable qui passe à l'ombre des pins, et par l'av. du Parc un peu plus haut. La plage prend ici le nom de **plage des Abatilles** : nous sommes tout proches de la **source** du même nom et de l'usine qui embouteille cette eau minérale naturelle, prélevée à 472 m de profondeur depuis près d'un siècle et découverte par hasard en 1923 par un ingénieur breton, Louis Le Marié, alors qu'il cherchait... du pétrole. En 1925, l'eau fut reconnue « eau de santé » et un établissement de cures thermales fut ouvert dès 1928, fermé en raison de la guerre en 1939, puis rouvert de 1954 à 1964. L'établissement n'existe plus, mais la jolie fontaine qui avait été construite est toujours

Pinasse Mandarine. Quai n° 14, emplacement 10. 06 81 24 32 67.

Croisière Jouvence. Croisières privées avec skipper professionnel, à bord d'un pinasse cruiser récent. 15, av. du Général-de-Gaulle. 05 40 24 60 70.

PLONGÉE

Club de plongée arcachonnais. Quai Goslar, Maison de la Mer. 07 66 08 22 72.

VSM L'Océana. 14 bis, quai du Capitaine-Allègre. 06 72 78 28 74.

PÊCHE EN MER

Pêche au thon, requin, bar, maigre, etc. Matériel fourni, prix par pêcheur incluant carburant, bateau (privatisable) et guide de pêche/skipper.

- **Julien Giraud Rauch.** Ils vous mèneront dans les eaux poissonneuses du « triangle magique » entre dune du Pilat, Cap Ferret et banc d'Arguin, au départ d'Arcachon ou du port de la Vigne, ou sur le lac de Carcans-Hourtin. Pêche au thon 250 €/pêcheur, au requin 180 €, au bar 135 €, pêche multi-espèces 95 €... 06 51 86 21 64.
- **Laurent Condou.** Pêche au bar, maigre, lieu, thon, etc. sur le Bassin d'Arcachon, les passes, la côte landaise et toute la côte aquitaine. Ex. de tarifs : pêche au thon 300 €/pêcheur, bar et maigre 220 €... 06 07 87 33 76.
- **Petit Cailloc II.** Pêche sportive. Bar, maigre, etc. : individuel 170 € (6 h). Groupe 4 pêcheurs maxi 600 €, sortie requin (6 h - 600 €), sortie thon (10 h - 1 000 €). 06 85 42 67 35. >>>

Le Moulleau.

là, près de l'entrée de l'usine. Vous pouvez la voir en rejoignant le bd de la Côte-d'Argent (par l'allée des Tilleuls ou l'allée Édouard-de-Luze) et en le remontant sur quelques centaines de mètres vers le centre-ville.

Un peu plus au sud encore, la plage des Abatilles devient **plage des Arbousiers**, un arbre très répandu dans la région dont le fruit, l'arbouse (qui ressemble un peu à un lychee), donne d'excellentes confitures. Vous pouvez la rejoindre en poursuivant sur l'av. du Parc jusqu'à l'allée des Arbousiers, au bout de laquelle vous attendent un parking, un café-restaurant (Le Bikini), et quelques cabanes de location et cours de surf, paddle, pirogue, car cette plage est aussi appréciée pour ses sports de glisse.

Enfin, à moins de 600 m par le bord de mer se trouvent **la plage et la jetée du Moulleau**, les dernières d'Arcachon avant le Pyla-sur-Mer. Par la route, vous rejoindrez le bd de la Côte-d'Argent (D218) en suivant les panneaux Biscarrosse et Dune du Pilat. À partir de là vous pourrez rejoindre la plage par quelques « avenues » avant ou après la jetée (lesdites avenues sont en fait, comme souvent ici, d'étroites ruelles en cul-de-sac avec peu de places de stationnement).

BON À SAVOIR

Au Moulleau, glaces et gaufres se dégustent sur la jetée. La vue est superbe sur les plages alentour, sur la dune du Pilat et, en face, le Cap Ferret, son phare et sa pointe sauvage.

Le Moulleau est un quartier très résidentiel d'Arcachon, les rues sont étroites, les places de parking peu nombreuses (vous en trouverez surtout le long de la rue principale, le bd de la Côte-d'Argent). Seule parade, arriver tôt le matin pour y passer la journée.

La **jetée du Moulleau** est la quatrième et dernière de l'Arcachon d'aujourd'hui. Bordée de restaurants au pied de ce qui fut autrefois le Grand Hôtel du Moulleau, elle fut construite ici en 1973 (une première avait été construite un peu avant 1910 mais elle se situait 60 m plus à gauche).

>>>

- **Masta'fish.** Pêche sportive à bord d'une vedette (Bassin d'Arcachon, côte landaise, côte aquitaine, pêche au large). Pêche au thon (10 h) 250 €/pêcheur, bar et maigre (3 h 120 €/pêcheur - 6 h 170 €), etc. 07 88 72 49 65.
- **Jean Servant.** Pêche sportive à bord d'un semi-rigide, Bassin d'Arcachon et côte aquitaine. Sorties de 3 h à 10 h (bar, maigre, lieus sur épaves, thon rouge au large, etc.), de 100 € à 250 €/pêcheur. 06 18 43 23 56.

Où manger ?

- **La Cabane de l'Aiguillon**. 54 bd Pierre-Loti. Dégustation à la cabane, la seule du petit port de l'Aiguillon. Huîtres du producteur, fruits de mer, agréable tonnelle au bord de l'eau. 05 56 54 88 20.
- **Le Bistrot du port**. 5 rue du Port. Ambiance bistrot à deux pas du port de l'Aiguillon. Cuisine maison, produits de la mer et du terroir, menu du jour, planche à partager, salades, burger basque… 05 56 83 20 49.
- **Le Bouchon du Marché**. Pour prolonger la visite du marché. Grand choix d'huîtres mais aussi belles assiettes de viandes et poissons. 05 56 54 85 11.
- **Le Patio**. 10 bd de la Plage. Cuisine gastronomique du chef Thierry Renou, 1 étoile au Michelin. En salle ou sous la belle verrière, produits régionaux sublimés que côtoient des saveurs exotiques. 05 56 83 02 72.
- **Le Kraken**. 55 bd de la Plage. Dans la villa *Édith*, cuisine française maison revisitée par un jeune chef,

Notre-Dame-des-Passes.

L'église **Notre-Dame des Passes** se trouve au bout de la rue piétonne, impossible de la manquer, elle est située sur une butte et son originalité, avec ses deux tours-clochers, sa façade mêlant brique rouge et pierre de taille, ainsi que le long escalier qui mène à son parvis vous donneront l'envie d'y grimper. Elle fut d'abord la chapelle d'un couvent dominicain, construite en 1863 sur une dune quasi désertique à l'époque. Les villas ne commencèrent à être bâties qu'à la toute fin du XIXe siècle et surtout au début du XXe siècle avec l'arrivée du tramway en 1911 qui reliait le *Moullo* (une des orthographes de l'époque) à Arcachon. La population croissant, la chapelle fut agrandie et devint une église paroissiale en 1928. Ses clochers étaient à l'origine surmontés de toits de style byzantin mais ont été changés pour ces toits en pavillons lors de l'agrandissement. L'édifice a été restauré en 1993, notamment son intérieur dont les fresques ont retrouvé leurs belles couleurs d'antan. Du parvis, vue sur l'alignement de la rue piétonne, de la jetée et du phare du Cap Ferret de l'autre côté du Bassin.

carte réduite et produits frais de saison. 05 56 22 66 18.

- **Café de la Plage/Chez Pierre**. 1 bd Veyrier-Montagnères. Une institution, face à la jetée d'Eyrac. Toujours bondé mais incontournable. Coin brasserie pour manger sur le pouce ou restaurant gastronomique Chez Pierre pour une pause gourmande. Réservation indispensable. 05 56 22 52 94.
- **Grand Café Victoria**. 26 bd Veyrier-Montagnères. Un autre incontournable, décor Belle Époque, cuisine italienne et française, superbes plateaux de fruits de mer, face à la jetée Thiers. Service continu. 05 56 83 07 75.
- **Le Cabestan**. 6 bis av. du Général-de-Gaulle. Un bien beau restaurant au rez-de-chaussée de la villa *L'Hermitage*, cuisine raffinée, jeune chef talentueux. 05 56 83 18 62.
- **Hôtel Ville d'Hiver**. 20 av. Victor-Hugo. Par le fondateur du Wharfzazate à la Vigne, un beau et bon restaurant dans la Ville d'Hiver, dans une magnifique demeure de 1884. Cuisine de la mer et du terroir. 05 56 66 10 36.
- **Le Bar du Soleil**. Av. des Goélands. Cadre idyllique, restaurant de plage avec terrasse donnant sur la plage Pereire. Fruits de mer bien sûr mais aussi tartare de poissons, bar entier au fenouil ou beach burgers… Sans prétention mais sympa. Tél. 05 56 83 90 74.
- **Royal Moulleau**. 2 rue du Débarcadère. Pour sa belle terrasse avec vue imprenable sur la jetée du Moulleau, le Bassin, le Cap Ferret. Fruits de mer, poissons, saint-jacques, carte « basse-cour et ferme ». 05 56 54 57 45.

Et beaucoup d'autres…

11 Pyla-sur-Mer

Petite station balnéaire ultrachic lovée entre le Moulleau et la dune du Pilat, le Pyla-sur-Mer a une histoire récente puisqu'elle a été créée et développée entre 1915 et les années 1940 sous l'impulsion et l'association de deux hommes : un propriétaire foncier, Daniel Meller, qui eut l'idée géniale d'échanger un bout de la forêt de Cazaux contre une parcelle de sable quasi désertique trois fois plus petite, et Louis Gaume, un plombier-zingueur qui allait devenir un important promoteur immobilier.

L'ambition des deux hommes, au départ du projet, était de proposer aux *estrangeys* aisés un lieu de villégiature aussi qualitatif qu'exotique. Ils bâtirent une « ville sous la forêt » composée de villas de luxe sous les pins et d'hôtels non moins fastueux, dans un style architectural inspiré de celui du Pays basque et de l'élégante Biarritz alors prisée des têtes couronnées et célébrités de l'époque. Voilà pourquoi vous trouverez ici nombre de maisons et d'édifices « néobasques » à colombages verts ou rouges qui devinrent la signature de Louis Gaume.

Et, comme pour souligner cette promesse de dépaysement et d'hédonisme, le « i grec » prit la place du « i » et le nom du lieu-dit du Pilat devint le Pyla-sur-Mer, accessoirement source de la joyeuse confusion qui règne depuis entre les deux orthographes dans l'esprit du visiteur, notamment en ce qui concerne « la grande dune », mais nous y reviendrons.

Que vous arriviez de La Teste ou de la voie rapide qui mène à Arcachon, empruntez le bd Louis-Lignon, sur la D217, vous suivrez une charmante route qui tournicote dans la forêt et grimpe à l'assaut d'une dune, culminant à 70 m environ. Passé les quelques quartiers résidentiels des hauteurs, la route redescend vers le centre de Pyla-sur-Mer et rejoint le bd de l'Océan qui traverse la station de part en part et le long duquel a été construit nombre de ces belles villas néobasques. En prenant à droite depuis le bd Louis-Lignon, vous

BON À SAVOIR

Il existe deux villas classées à Pyla-sur-Mer, une maison d'architecte des années 1960, la villa *Geneste*, que vous ne pourrez pas voir depuis la rue, et une des trois maisons Art déco de la ville, la villa *Téthys*, construite en 1924 par l'architecte Roger Expert dans un style méditerranéen. À voir depuis la plage (par l'av. des Vendangeurs, la villa se trouve à quelques mètres sur la droite), et même la visiter gratuitement en vous adressant à l'OT.

arrivez au rond-point du Figuier, près duquel vous pourrez vous garer (aux environs de la Poste, av. du Sémaphore, ou le long du bd de l'Océan vers le **club nautique**). Empruntez à pied la petite av. du Figuier qui part du rond-point pour arriver directement sur la petite plage Daniel-Meller. Celle-ci se prolonge sur la droite par la plage qui mène à la jetée du Moulleau à Arcachon, et sur la gauche par Pilat Plage puis la plage de la Corniche près de la dune du Pilat.

> L'ensemble forme un long ruban que l'on peut parcourir en intégralité à marée basse, assez étroit et discontinu à marée haute, mais toujours très fréquenté en été pour sa situation privilégiée, sa jolie vue sur le Cap Ferret de l'autre côté de la baie, et sur la dune du Pilat sur la gauche.

Les petites embarcations de plaisance et les pinasses y accostent facilement car la mer ici ne se retire pas très loin à marée basse (nous sommes à l'entrée du Bassin d'Arcachon, au bord de l'océan).
Tout au long du bd de l'Océan, des avenues et allées aux noms d'oiseaux (hirondelles, fauvettes, merles, canaris...) mènent aux plages du Bassin, mais l'accès que nous préférons se fait par l'av. du Banc d'Arguin, à proximité de la dune du Pilat.
À l'angle qu'elle forme avec le bd de l'Océan, vous verrez l'un des lieux emblématiques de Pyla-sur-Mer, l'Hôtel Ha(a)ïtza, splendide exemple de l'architecture d'origine et de l'âge d'or de la station. Ouvert en 1930 sous le nom de *Haïtza* (roc, ou pierre, en gascon), il a accueilli au fil des décennies nombre de célébrités, de la famille Rothschild à Yves

Catamarans et paddle.

La vue depuis le Pyla.

Montand ou Johnny Hallyday. Réhabilité en 2016 par l'ancien rugbyman William Téchoueyres et son épouse (et agencé par son ami designer Philippe Starck), le nom d'origine s'est symboliquement enrichi d'un (a), idée de Philippe Starck, et l'établissement arbore désormais cinq étoiles.

Juste en face, le Ttiki Etchea, construit à la même époque, était initialement l'annexe réservée au personnel du Haïtza : il est désormais un charmant hôtel deux étoiles bien plus accessible que son luxueux voisin. Vous pourrez également vous désaltérer ou vous restaurer de l'autre côté de la rue, sur la belle terrasse du café Ha (a) ïtza, en marge de l'hôtel du même nom.

Direction la plage à présent, à quelques mètres de là au bout de la (petite) av. du Banc d'Arguin. La **vue est ici magnifique**, ouverte sur la grande dune bien sûr ainsi que sur le banc d'Arguin, tout proches à cet endroit, mais aussi sur la pointe du Cap Ferret, sa langue de sable qui plonge dans l'océan, la dune du Belvédère, la digue et même la grande cabane Bartherotte que l'on distingue parfaitement par temps clair. Et entre les deux rives, un défilé de voiliers, dériveurs, pinasses et autres embarcations parfait ce décor de carte postale.

Par l'av. Louis-Gaume qui prolonge le bd de l'Océan, vous accéderez à **la Corniche**, ainsi nommée car elle surplombe le Bassin d'Arcachon et le banc d'Arguin, dans le prolongement direct de la dune du Pilat.

> Les places de stationnement sont comptées dans cette rue tout en courbes, aussi n'hésitez pas à vous garer dans la montée dès que possible, il vous faudra certes marcher un peu mais ça en vaut la peine.

Vous pouvez (devez ?) d'abord faire un détour par La Co (o) rniche. Né Corniche en 1930, il fut le premier hôtel construit par Louis Gaume. Son hall d'accueil est demeuré d'époque, avec ses fresques et son mobilier, mais vous aurez sans doute deviné par le (o) additionnel dans son nom que l'établissement et a été revisité par Philippe Starck et qu'il appartient depuis 2010 au même propriétaire que le Ha (a) ïtza. Certes, il s'agit ici encore d'un établissement de luxe, mais vous pourrez y déguster une douzaine d'huîtres sans y laisser votre chemise,

L'Hôtel Ha(a)ïtza.

ou simplement y boire un café ou un verre (les tarifs des boissons sont sensiblement les mêmes que partout ailleurs). Vous aurez ainsi accès à une vue véritablement exceptionnelle, semblable à celle du sommet de la dune du Pilat mais enrichie du décor formé par une splendide piscine à débordement et d'une terrasse à trois niveaux meublée de « lits-transats » deux places. Comme le relatait l'hebdomadaire *L'Observateur* voilà quelques années, Philippe Starck se serait exclamé en découvrant l'endroit : « Tu n'as pas le plus bel endroit du Bassin, tu as l'un des plus beaux du monde ! ». Ce que résumait un touriste anonyme en déclarant qu'il craignait « une fracture de la rétine tellement c'est beau ». On vous laisse aller vérifier cela sur place.

Mais la Corniche n'est pas seulement le nom d'un hôtel, c'est aussi le nom de l'endroit, et l'on comprend évidemment pourquoi en longeant le trottoir vers le bord du Bassin… que vous pourrez rejoindre par un escalier qui vous mènera d'abord au bord de l'eau puis, 200 m plus loin par la digue piétonne, sur la plage de la Corniche, au pied de la dune du Pilat que vous pourrez donc escalader d'ici sans avoir à passer par le parking payant du site, « de l'autre côté » de la grande dune. Pas d'escalier posé sur le sable de ce côté-ci, mais la pente est bien moins abrupte que de l'autre côté. Courage quand même…

Infos pratiques

POINT INFORMATION TOURISME
Rond point du Figuier. 05 56 54 63 14

SUR L'EAU

Cercle de voile et location de stand-up paddle. Plage Daniel Meller. Stages de voile, location dériveurs ou catamarans, de stand-up paddle en juillet-août (encadré ou libre). 05 56 54 00 29.

Yak'Ocean. Plage Haïtza. Découverte et navigation en kayak ouvert, en pirogue, initiation stand-up paddle, wave rafting, etc. D'avril à oct. 06 11 92 05 83.

Où manger ?

La Co(o)rniche. 46 av. Louis-Gaume. Hôtel de luxe et restau gastro, avec quand même une formule midi plus simple (salade César, burger, viande ou poisson du jour). Incontournable, *the place to be*… 05 56 22 72 11.

Le Skiff Club. 1 av. Louis-Gaume. Le restaurant gastronomique de l'hôtel Ha(a)ïtza, avec un chef étoilé aux commandes et un menu en rapport. Brunch le dimanche (11 h 30-16 h). Tire son nom des 3 embarcations suspendues au-dessus des tables. Déco de Philippe Starck. 05 56 22 06 06

Café Ha(a)ïtza. 312 bd de l'Océan. Face à l'hôtel du même nom. Pour un brunch, boire un verre ou prendre un repas (2 formules à 34 et 39 €). 05 56 54 41 94.

Etche Ona. 255 bd de l'Océan (ne pas confondre avec l'hôtel du même nom qui est en face de l'Ha(a)ïtza). Cuisine du Sud-Ouest, huîtres et crustacés du Bassin, pizzas, formules midi abordables (13 à 30 €). 05 56 22 72 18.

L'Authentic. Eric Thore. 35 bd de l'Océan. Restaurant gastronomique réputé. Menu du marché à 35 €, découverte à 55 € ou de dégustation de homard bleu à 70 €. Fermé dimanche soir, lundi et mardi. 05 56 54 07 94.

La Suite 257. 257 bd de l'Océan. Poissons, viandes, risottos, en terrasse, en salle ou sur le patio… Un bon restaurant pas triste qui fait aussi bar et soirées dansantes. 05 56 22 13 34.

La Guitoune. 95 bd de l'Océan. Hôtel-restaurant. Viandes et poissons dans une bâtisse typique du Pyla revisitée façon années 1970. 05 56 83 00 00.

12 La Dune du Pilat et les plages océanes

Nul n'ignore qu'elle est la plus haute dune d'Europe. Toutefois il y a beaucoup à savoir avant de partir à l'assaut de son sommet, de fouler son sable clair et de contempler la plus belle vue du Bassin d'Arcachon : la dune du Pilat recèle bien des secrets.

L'accès à la dune

Vous n'aurez aucune difficulté à trouver la dune du Pilat : on la voit forcément de très loin, mais surtout de nombreux panneaux routiers en indiquent la direction, sur l'autoroute, sur la voie rapide qui la prolonge, partout alentour : « Dune du Pilat », « Dune du Pyla », « Dune de Pyla ».

> Pilat est la bonne orthographe, dérivée du mot gascon *pilàt* (tas, empilement) et adoptée dans les années 1930.

L'accès à la dune du Pilat est gratuit, mais le parking est payant *(voir Infos pratiques)*. Malgré sa capacité de 750 emplacements, il se remplit très vite en été. Même si de nombreuses voitures se garent le long de la route, sachez que le stationnement « sauvage » est interdit. Pour éviter cela, un système de navettes en bus a été mis en place en 2021 depuis le parking-relais du Parc des expositions de La Teste. Départ toutes les 20 minutes, pour un trajet de la même durée sur une voie dédiée *(voir Infos pratiques)*.
Les autres accès à la dune peuvent se faire par la corniche, au Pyla-sur-Mer, ou par le grand parking de la plage du Petit-Nice, 6 km plus loin sur la route de Biscarrosse : il vous faudra marcher une quinzaine de minutes sur le sable avant d'atteindre la dune, ce qui reste bien plus agréable que de rester coincé dans votre voiture à l'entrée du site.

Au plus fort de la saison, en juillet et surtout en août, entre 11000 et 16000 personnes escaladent la dune chaque jour. Deux millions de visiteurs s'y pressent chaque année (dont un quart sur le seul mois d'août).

Trois conseils tout simples : **1.** Venez hors saison. **2.** Venez en bus (ligne 1 depuis Arcachon, 1 €) ou à vélo. **3.** L'été, arrivez avant 9 h pour éviter la foule et la chaleur.

À quelle altitude se situe ce sommet ? 110 m ? Bravo, vous avez gagné… si vous êtes venu en 2017. Car la dune est vivante, elle bouge, du nord au sud et d'est en ouest, mais également en hauteur. Tout le temps. Et depuis qu'elle a été modélisée en 3D en 2016, on peut en déterminer les dimensions chaque année avec une précision chirurgicale. La mesure précédente datait de 2011 et sa hauteur avait été estimée à 108,9 m. En 2016 elle était de 109,2 m, puis 110,5 m en 2017, avant de perdre près de 4 m en un an (106,6 m en 2018) et 20 cm supplémentaires l'année suivante (106,4 m en 2019), puis encore 4 m en 2020 (102,5 m). La dune est « remontée » à 104,2 m en 2021 avant de

APRÈS LES FEUX DE FORÊT

Des kilomètres de plages océanes s'étendent depuis la dune du Pilat jusqu'à Biscarrosse (Landes). Une piste cyclable et une route départementale, la D218, relient les deux sites en sinuant au beau milieu de la forêt. Mais le paysage a bien changé depuis le terrible incendie de juillet 2022 qui a dévasté plusieurs milliers d'hectares.

Après un chantier titanesque de nettoyage, de coupe et d'évacuation des arbres brûlés, la route a rouvert mi-décembre 2022 et les campings de la dune détruits par les flammes ont été reconstruits au printemps 2023.

En voiture ou à vélo, on parcourt désormais plusieurs kilomètres à découvert là où l'on roulait autrefois à l'ombre des pins, et il est plus que jamais strictement interdit de stationner au bord de la route.

Même constat sur les parkings des plages de la Lagune, du Petit Nice et de la Salie où ne subsistent çà et là que quelques arbres ou bosquets. Il faudra de nombreuses années pour retrouver le couvert végétal qui a disparu, mais la nature reprend déjà ses droits et reverdit les espaces brûlés. Tournez donc le regard vers les plages océanes qui, elles, offrent toujours un superbe point de vue sur le banc d'Arguin et les passes de l'océan.

La dune, côté forêt.

« redescendre » à 102,4 m en 2022, dernière mesure en date.
Chaque printemps (des vacances de Pâques à celles de la Toussaint), **l'escalier** de 150 marches environ (le nombre dépend de la hauteur de la dune au moment de son installation) facilite l'ascension. Cet escalier en résine devrait être prochainement remplacé par un autre, plus respectueux de l'environnement. Hors saison, il vous faudra gravir la dune à même le sable – et affronter le sourire narquois des visiteurs qui redescendent d'un pas alerte.
Le point culminant ne se trouve pas au niveau de l'escalier mais plus au sud : on en distingue aisément la crête, à 1,3 km des marches. Si la montée n'a pas eu raison de vos cuisses, vous savez donc ce qui vous reste à faire pour l'atteindre. Vous serez alors à mi-chemin de l'extrémité sud de la dune (longue de 2900 m au total) qui se prolonge jusqu'à la plage Robinson-Les Sabloneys.

Côté parking (ou côté forêt), l'inclinaison de la pente varie de 30 à 40° selon l'endroit. C'est beaucoup, et vous ferez sans doute une pause avant d'atteindre le sommet, même par l'escalier. Évitez aussi de redescendre avant cet escalier : c'est là que la pente est la plus raide et, par endroits, vous risquez de vous enfoncer dans le sable jusqu'aux genoux. Sachez que si vous accédez à la dune côté océan en passant de la corniche du Pyla, la pente est beaucoup plus douce : de 5 à 20°. Mais sans escalier…

Chaque matin, une centaine de personnes environ escalade la dune **en fin de nuit** pour assister au spectacle magique du soleil levant. Le **crépuscule** n'est pas moins enchanteur, quand le soleil se couche derrière le Cap Ferret, de l'autre côté du Bassin, et que le phare prend le relais de l'astre du jour. Romantique en diable !
On comprend pourquoi ce site est considéré comme l'un des plus beaux au monde. Savourez et prenez votre temps, c'est une chance d'être là et vous n'êtes pas près d'oublier ces images.

Les paléosols.

Le banc d'Arguin depuis la dune.

Les découvertes archéologiques

La dune a une histoire, visible grâce à un témoin naturel, les **paléosols**, que vous pourrez voir en certains endroits : ce sont des couches de végétation fossilisée que vous apercevrez parfois sur le flanc de la dune, des strates sombres qui donnent un aspect un peu « sale » au sable. De la même façon, les blocs noirâtres que vous voyez au pied de la dune n'ont rien à voir avec des boulettes de pétrole : ce sont également des plaques de végétation fossilisée âgée de 2000 à 8000 ans que l'océan et le vent découvrent en faisant reculer la dune de plusieurs mètres chaque année.

Car la dune bouge, et en reculant elle engloutit progressivement les arbres côté forêt tandis qu'elle libère ce qui est enfoui sous ses 60 millions de mètres cubes de sable côté océan. D'autres témoignages du passé, de la préhistoire jusqu'au XVIIe siècle, ont ainsi été découverts lors de **fouilles archéologiques** opérées depuis les années 1960 : des silex taillés, une urne funéraire de l'âge de fer, des traces de sites de production de sel et d'habitations, des milliers de fragments de céramique, des récipients de résine…

Ainsi, si vous descendez sur la plage de la dune, vous serez au niveau qu'ont connu nos ancêtres voilà 4000 ans : à l'époque des pyramides, la dune n'existait pas encore, il n'y avait que la forêt, et l'océan se trouvait à plusieurs kilomètres de là. Remontez de 5 petits mètres et vous avez déjà parcouru un millénaire : vous voilà projeté il y a 3000 ans, la dune n'était encore qu'une petite butte dans la forêt où les hommes préhistoriques façonnaient leurs premiers outils en fer. Grimpez de 25 m supplémentaires et vous voici, au tiers de la dune actuelle, dans les années 1500 : au moment où Christophe Colomb "découvrait" l'Amérique, il y avait ici, à une trentaine de mètres d'altitude, un lac, de la végétation, et toujours la forêt qui a contribué à fixer le sable.

Les plages océanes

La **plage de la Corniche**, côté Pyla-sur-Mer, se prolonge par la **plage de la Dune** jusqu'à l'extrémité de celle-ci, 2,5 km plus loin, où elle devient **la plage Robinson**, ou plage des Sabloneys (tiré du gascon *sablonèir* qui signifie dune). C'est de là que s'élancent les parapentes que vous verrez régulièrement survoler les environs.

Le Petit-Nice.

C'est aussi de la plage Robinson que vous pourrez **embarquer pour le banc d'Arguin** avec l'UBA *(voir Infos pratiques)*. Le bateau accoste directement sur le sable et l'on grimpe à bord par une échelle. Quinze minutes plus tard vous serez sur le **banc d'Arguin**, pour la journée car les rotations se font au rythme des marées. Long de 4 km et large de 2 km (à marée basse), le banc d'Arguin est séparé de la dune du Pilat par la « passe sud » et du Cap Ferret par la « passe nord », les deux chenaux qui alimentent le Bassin d'Arcachon. Il est une réserve naturelle classée depuis 1972 car nombre d'espèces d'oiseaux y nichent et s'y reproduisent : il vous sera donc strictement interdit de pénétrer dans la « zone de protection intégrale » bien signalée, de même qu'il est défendu d'y amener des animaux domestiques. Vous aurez accès à une grande étendue de plage aux eaux cristallines avec une vue imprenable sur la dune du Pilat. N'oubliez pas le pique-nique et la protection solaire car vous êtes là pour un bon moment. L'autre banc, plus petit, que vous verrez entre Arguin et le Cap Ferret est le banc du Toulinguet.

L'accès à la plage Robinson est également (difficilement) possible par la D218, la route de Biscarrosse : à un peu plus de 3 km, 300 m après Pyla Camping, vous pouvez emprunter un chemin qui démarre sur la droite et mène à la plage (stationnement interdit, comptez 15-20 minutes de marche depuis le camping).

Plusieurs campings sont implantés le long de la route de Biscarrosse, au pied la dune, dont le célèbre **Camping de la Dune** rebaptisé « Les Flots bleus » pour les besoins des films *Camping*. Bien que le stationnement soit difficile, de nombreux touristes s'arrêtent ici pour prendre une photo souvenir, parfois depuis le milieu de la chaussée : soyez particulièrement vigilant à cet endroit. Ces campings ont été partiellement détruits durant l'incendie de 2022 mais de gros efforts ont été fournis pour qu'ils puissent rouvrir avant l'été 2023.

Bon à savoir

La piste cyclable Pyla-Biscarrosse relie chacune de ces plages et déroule son long ruban de bitume à l'ombre des pins.

Passé les campings de la route de Biscarrosse commence une succession de plages au cadre naturel assez exceptionnel : les deux premières se situent face à l'extrémité du banc d'Arguin, tellement proche que l'on pourrait presque le toucher, semble-t-il. Toutes sont adossées aux dunes qui prolongent celle du Pilat et qui offrent elles aussi de superbes points de vue, de plus en plus sauvages et arides à mesure que l'on se dirige vers le sud. On est ici en plein cœur de l'immense forêt de La Teste qui offre de superbes balades à vélo.

La première de ces plages, à 6 km du rond-point de la dune, est **la plage du Petit-Nice**. Contrairement à la ville méditerranéenne à laquelle son nom semble faire référence, pas d'immeubles en bord de mer ici, nous restons en pleine nature. Ce qui n'empêche pas des aménagements adaptés, avec un grand parking et deux petits restaurants implantés un peu en retrait de la plage et miraculeusement épargnés par les flammes contrairement à la forêt tout autour. La plage est directement accessible depuis les parkings, à plusieurs endroits, dont un chemin en caillebotis en pente douce : la plage est en effet **labellisée Handiplage** et met à disposition des personnes à mobilité réduite des « tiralo », des fauteuils « hippocampes », ainsi que des vestiaires et sanitaires adaptés dans le poste de secours qui domine la plage, laquelle est surveillée de juillet à septembre. Depuis ce poste de secours, vous pouvez rejoinre la dune du Pilat au prix d'une ascension de 15-20 minutes. Vous pouvez également passer par le bord de mer pour rejoindre la plage Robinson, au pied de la

La piste cyclable permet de relier les plages océanes.

grande dune. Vous verrez en chemin deux **blockhaus** du Mur de l'Atlantique.
Comme les plages qui suivront, celle du Petit-Nice est assez étroite à marée haute mais sa longueur permet aux vacanciers de poser leur serviette sans problème et la baignade y est agréable. En revanche on évitera de s'y aventurer à marée basse : la pente est plus importante, on perd rapidement pied et les courants sont forts (la baignade est d'ailleurs limitée à une dizaine de mètres du bord). Ce sont ces courants qui apportent beaucoup d'oxygène à la faune aquatique, et les eaux sont ici particulièrement poissonneuses, pour le plus grand bonheur des nombreux pêcheurs qui affectionnent de planter leurs cannes en bord de plage (en dehors des zones de baignade bien sûr).
La **plage de la Lagune** se trouve 1,5 km plus loin sur la route de Biscarrosse. Pourquoi « lagune » ? Parce qu'il en existait une autrefois, fermée par un banc de sable (à l'image de la conche du Mimbeau au Cap Ferret), le banc de Pineau, qui la séparait de l'océan. L'eau la remplissait par le nord, au niveau de la plage du Petit-Nice (son nom était d'ailleurs la lagune du Petit-Nice). Le trait de côte reculant inexorablement, le banc de sable a disparu et la plage est désormais ouverte sur l'océan. Aujourd'hui sa configuration est sensiblement la même qu'au Petit-Nice. Également accessible par des caillebotis, elle est bien sûr surveillée en été et accueille en outre les nombreuses activités sportives de CAP 33. Autre particularité, une **plage naturiste** se trouve à 400 m à gauche de la

La Salie Nord.

Infos pratiques

DUNE DU PILAT

Parking payant (750 places). Paiement uniquement par carte bancaire. Tarifs pour 4 h/6 h/12 h. Basse saison : 1 €/2 €/4 €. Haute saison : 6 €/8 €/10 €. Arrêt 30 min maxi gratuit. Stationnement interdit entre 2 h et 5 h du matin (amende de 50 €).

Navettes directes en bus. Stationner au parking relais du Parc des Expositions de La Teste (300 places, dans la zone commerciale au pied de la N250 qui prolonge l'A660). Un départ toutes les 20 minutes en juillet-août. Trajet de 20 min. environ. Tarifs : 3 € stationnement + 2 € le transport aller/retour (par personne, paiement en CB uniquement) à partir de 4 ans.

Sur le site. Sanitaires gratuits, aire de pique-nique, fontaines à eau, boutiques souvenirs, cafés-restaurants. Escalier de la dune d'avril à nov.

Point information. Idune (labellisé Accueil vélo), expositions, animations enfants, visites guidées :
Accueil posté avec longue-vue, en crête de Dune (1h), Balades commentées (1h), Balades au coucher du soleil (1h), Balades contées (1 h 30). Infos et réservations au 05 56 22 12 85

PARAPENTE SUR LA DUNE

Tarifs de 55 à 150 € selon formule et durée (à partir de 10 minutes)
Waggas School. 06 32 04 32 07.
Fly Pyla. 06 83 59 46 26
Parapente Arcachon. 06 84 77 30 40
Pyla-Parapente. 06 59 72 55 88
Dune Parapente. 06 33 54 98 11

plage principale (suivre le fléchage à l'entrée de celle-ci).

Les plages suivantes sont les **plages de La Salie, nord et sud** (les dernières avant celles des Landes), 2 km après la plage de la Lagune par la route. L'accès à leurs parkings respectifs se fait par le même chemin qui forme une fourche au bout de 200 m : tout droit vous accédez à La Salie Nord, à gauche à La Salie Sud.

La Salie Nord dispose comme les plages précédentes d'un vaste parking gratuit et d'un café-restaurant (détruit dans le feu de forêt). Sa plage est particulièrement prisée des amateurs de glisse : bodyboard, surf, kite surf et même char à voile y sont pratiqués, encadrés par des clubs locaux. Deux structures leur sont dédiées :

- le **SPOT** (Sécurité prévention océan tourisme), un espace d'accueil dont le local se trouve au bas de la dune qui mène à la plage,
- et l'annexe **Point Glisse**, point de ralliement pour les différentes activités sportives, à l'entrée de la plage.

Pour rejoindre la plage (à 500 m du parking environ), il vous faudra d'abord franchir une dune puis suivre les caillebotis qui facilitent la marche. Mais la récompense est au bout du chemin, avec une belle plage surveillée, des activités d'initiation et de découverte sportives avec CAP 33, et même une buvette ouverte l'été sur le sable.

La Salie Sud est très différente : le parking est plus petit et on n'y trouve qu'un restaurant pour toute installation. La plage est distante de 600 m environ, avec là aussi une dune à passer. Ce qui interpelle dès le sommet franchi est la présence du « wharf de La Salie », un imposant émissaire, autrement dit une canalisation chargée depuis 1974 d'évacuer au large les eaux usées du Bassin, traitées au préalable. Il est interdit de se baigner et de pratiquer toute activité (sports nautiques, pêche…) jusqu'à 500 m vers le nord et 1 000 m vers le sud de l'émissaire. L'accès au wharf est également strictement interdit (tel que le mentionnent des panneaux traduits en plusieurs langues), il est pourtant courant d'y voir des promeneurs arpenter sa passerelle longue de 800 m, parfois en famille avec des jeunes enfants, tandis que des pêcheurs à la ligne y positionnent leurs cannes à plus de 20 m au-dessus de l'eau…

Bon à savoir

Le nom de La Salie ne signifie pas que la plage a été « salie » : **Sally** était le nom d'un navire britannique qui s'échoua ici en 1811. La plage devint dès lors celle de « la Sally » dont l'orthographe fut francisée.

PLAGE DU PETIT NICE

Le Petit Nice. Cuisine maison et bar à tapas. Salle ou terrasse. 05 56 22 17 69.

Chez Aldo. Moules frites, viandes, poissons… Service 12 h/22 h en continu en juillet-août. 06 59 42 72 83.

PLAGE DE LA LAGUNE

La Lagune Café. Cuisine française variée, cadre et ambiance sympa. 05 56 22 95 97.

PLAGE DE LA SALIE NORD

(Sous toutes réserves de réouverture ou reconstruction, La Salie ayant été la plus touchée par les incendies de l'été 2022, avec notamment la destruction du restaurant)

SPOT et Point Glisse. 05 56 54 93 71.

Alex Kite School. Kitesurf, découverte et perfectionnement, de 1 à 4 élèves par moniteur. 06 08 88 66 31.

Pyla Surf School. Surf débutant ou confirmé, stand-up paddle, cours ou location. 06 33 28 47 99.

Ocean Roots. École de surf et bodyboard. 06 62 26 04 11.

Surf en Buch. 06 80 05 46 95

Restaurant Le Sally. Menus, pizzas, snack. 05 56 22 78 72.

PLAGE DE LA SALIE SUD

Restaurant La Salie Sud. Salades, grillades, plat du jour. 09 71 72 39 82.

Ce livre a été imprimé par Soler, Espagne.
La gravure est de Labogravure Image à Bordeaux (33).
Création graphique Marie Zuurbier
ISBN : 978-2-8177-1017-4 – N° éditeur : 01.02.03.23